澍時雨也
澤光潤也

# 澍泽律师案例精选（一）

天津澍泽律师事务所 编

法律出版社
LAW PRESS·CHINA
北京

**图书在版编目(CIP)数据**

澍时雨也 泽光润也：澍泽律师案例精选. 一 / 天津澍泽律师事务所编. -- 北京：法律出版社，2023

ISBN 978 - 7 - 5197 - 8131 - 6

Ⅰ. ①澍… Ⅱ. ①天… Ⅲ. ①案例-汇编-天津 Ⅳ. ①D927.210.05

中国国家版本馆 CIP 数据核字(2023)第 139097 号

**澍时雨也 泽光润也**

——澍泽律师案例精选(一)

**SHU SHIYU YE ZE GUANGRUN YE**

—SHUZE LÜSHI ANLI JINGXUAN(YI)

天津澍泽律师事务所 编

策划编辑 林 蕊 周 洁

责任编辑 林 蕊 周 洁

装帧设计 李 瞻

**出版发行** 法律出版社

**编辑统筹** 司法实务出版分社

**责任校对** 王晓萍 王语童

**责任印制** 胡晓雅

**经　　销** 新华书店

**开本** A5

**印张** 7.25 **字数** 192 千

**版本** 2023 年 11 月第 1 版

**印次** 2023 年 11 月第 1 次印刷

**印刷** 三河市兴达印务有限公司

地址：北京市丰台区莲花池西里 7 号(100073)

网址：www.lawpress.com.cn

投稿邮箱：info@lawpress.com.cn

举报盗版邮箱：jbwq@lawpress.com.cn

销售电话：010 - 83938349

客服电话：010 - 83938350

咨询电话：010 - 63939796



**书号**：ISBN 978 - 7 - 5197 - 8131 - 6

**定价**：38.00 元

凡购买本社图书，如有印装错误，我社负责退换。电话：010 - 83938349

# 序言

十载风雨砥砺，步履铿锵，篆刻荣耀史诗。

十载奋楫扬帆，开拓进取，描绘时代画卷。

澍，时雨也；泽，光润也；澍泽，亦指滋润万物的及时雨。

2013 年 6 月 18 日，在创始人李青松律师和温建军律师的共同努力下，天津澍泽律师事务所取得执业许可证，自此开启了同心共筑的荣耀征程。

跋涉，扩延行业的轨迹；前行，叩响变革的钟声。一条波澜壮阔的奋起之路，记载着天津澍泽律师事务所不断挺进的时代征程！

2016 年 3 月，律所党支部正式成立，坚持以党建为引领，全面推动党建与业务深度融合，为律所发展注入澎湃动力。

随着党建工作的深入开展，澍泽律师党支部先后获得天津市律师行业党委授予的“天津市律师行业先进基层党组织”、中国共产党全国律师行业委员会授予的“全国律师行业先进基层党组织”、中共乐陵驻天津流动党员委员会授予“共产党员示范企业”等荣誉称号。2021 年 9 月，司法部授予天津澍泽律师事务所“全国优秀律师事务所”荣誉称号，李青松律师作为代表在人民大会堂接受表彰。澍泽律师一步步谱写新时代党建的荣耀篇章。

恪守初心，成就不凡。卓越发展，硕果盈枝，十载携手发展，十载矢志向前，澍泽律师从成立之初注册资本 30 万元、办公面积百平方米、3 个合伙人，到现在设立资产 1000 万元、办公面积 6000 余平方米、25 个合伙人，组织形式由“普通合伙所”变为“特殊的普通合伙所”。一位位澍泽律师上下一心，笃信而行，以润物无声之姿，彰大爱无形之志，奏响了时代发展强音。

沿着多元并进之路，开拓律所恢弘版图。天津澍泽律师事务所先后成为天津市山东商会常务副会长单位、天津市企业联合创业促进会常务副会长单位、天津市大数据协会理事单位。天津澍泽律师事务所先后成立天津澍泽（海口）律师事务所、天津澍泽（泰国）律师事务所、天津澍泽（昆明）律师事务所、天津滨海新区办公室、新加坡合作办公室、天津澍泽（老挝）律师事务所等分所及办公室，在天津师范大学法学院设立澍泽学术报告厅。

2022 年，天津澍泽律师事务所又先后成立了天津澍泽律师事务所妇女联合会和天津澍泽律师事务所工会，为澍泽人提供更好更优的服务。

2023 年 1 月，天津澍泽律师事务所荣登《钱伯斯大中华区法律指南2023》，荣获“公司/商事领域，天津地区 Band 3”。这成为律所发展的重要里程碑。

2023 年 6 月，天津澍泽律师事务所获评第二届中国律师公益（社会责任）典型案例，展现卓越的业务能力。

天津澍泽律师事务所在泰国曼谷、新加坡、老挝万象成立分所和办公室，展示了律所的综合实力，是其随着“一带一路”倡议、通过东南亚逐步走向世界、逐步发展为国际化律所的重要基石。

一路卓行，奋斗不止。使命峥嵘，初心铸就。在与时俱进的发展进程中，天津澍泽律师事务所坚守使命承诺，践行社会责任，积极投身社会公益，为残障人士、孤寡老人、退伍军人、贫困学生等群体提供帮助，为防疫抗疫、抗洪抢险捐款捐物，助力西部帮扶，传递温暖，用大爱回馈社会；组织律师积极参与公共法律服务，开展普法宣传，获得了社会的高度肯定和评价。

十年磨一剑，天津澍泽律师事务所一路至今，用专业、敬业、精业获得了客户的一致好评，荣获了众多荣誉。我们一直相信，最能见证与诠释一家律师事务所发展历程与能力品质的，是其承办的案例。作为一家值得百姓信赖、追求卓越、具有社会责任感的综合性律师事务所，案件是每天与我们交集最深的工作日常，凝聚着我们最多的智慧创造，也承载着我们最深刻的兴奋与喜悦。为了更好地服务客户，提高我们的专业能力和素养，积累经验，汲取每一个案件的营养，我们自创所以来一直坚持在案件代理工作结束后，对全案工作进行梳理和回顾。每一次的梳理和回顾，都有利于我们下一步方案的制订，提高案件的办理质量，更好地维护客户的合法权益。每一次的梳理和回顾，是对律师工作的最好总结，将其中最宝贵的知识与经验以律师手记的方式沉淀下来。每一次的梳理和回顾，是澍泽知识管理体系的重要组成部分，有利于对年青律师的培养，提高律师的专业水平。

本书镌刻了澍泽过往 10 年的点滴成长。每一个精彩案例的形成，离不开承办律师的辛勤付出，更离不开客户的宝贵信任和法官的辛苦工作。我们希望这本记载澍泽典型案例的图书，能成为澍泽人温故知新、继往开来的学习手册，成为我们与朋友沟通的桥梁。

新的征程大幕已经拉开，面对全新的机遇与挑战，澍泽律师将怀揣对行业的赤诚，秉承“润万物于无声、行大爱于无形”的宗旨，信守“如法求实，勤勉尽责”的承诺，不忘“因为有你，心存感激”的理念，坚持以客户为导向，始终以客户的需求为关注点，努力发挥自身法律服务体系优势，整合国内外各地办公室、各专业部门和全体律师的资源，不仅为客户解决法律问题，还为客户提供商业机会、促进合作，以优质、高效的法律服务，为客户创造价值，与您一起携手再度扬帆！再踏征途！

谨以此书的出版，向澍泽的各界朋友及客户致谢！向所有曾经和现在在澍泽挥洒青春的澍泽人致礼！向为中国法治建设不断贡献力量的法律执业者致敬！

# 目录

# 一、父母给女儿、女婿的购房款，应当认定是借款还是投资款

## ——于某甲、陈某某与于某乙、何某某所有权确认纠纷案

**【基本案情】**

案由:所有权确认纠纷

上诉人(原审原告):于某甲

上诉人(原审原告):陈某某

被上诉人(原审被告):于某乙

被上诉人(原审被告):何某某

代理人:天津澍泽律师事务所

于某甲、陈某某系夫妻关系,于某乙与何某某系夫妻关系,于某乙系于某甲、陈某某婚生女,何某某系于某甲、陈某某的女婿。坐落于天津市河西区某小区×××号房屋系于某乙、何某某按份共有的私产房屋,于某乙占30%份额,何某某占70%份额。2013年7月31日,于某甲、陈某某、于某乙与何某某四人达成书面协议,约定:“何某某、于某乙购买天津市河西区某小区×××号房屋总房款1,850,000元整,于某甲、陈某某投资1,000,000元整,如变卖处置房屋一次性给付于某甲、陈某某。”2013年8月20日,于某乙、何某某与案外人签订《天津市房产买卖协议》,约定购买诉争房屋,总价款1,690,000元,其中首付款990,000元,

申请银行贷款700,000元。2013年8月20日于某甲通过转账方式支付何某某200,000元,2013年9月28日陈某某通过转账方式支付何某某800,000元。

**【澍泽代理】**

2021年9月18日,于某甲、陈某某将于某乙、何某某作为被告向天津市河西区人民法院提起诉讼,请求:(1)依法确认于某甲、陈某某共同共有天津市河西区某小区×××号房屋59.2%的房产份额;(2)判令于某乙、何某某配合于某甲、陈某某办理天津市河西区某小区×××号房屋增加房屋共有权人的登记手续;(3)诉讼费用由于某乙、何某某承担。为此,何某某委托澍泽律师作为本案的代理律师。

接受委托后,澍泽律师认真分析案件材料及收集相关证据,针对本案的事实和争议问题,向法院提出如下代理意见:

不动产权属证书是权利人享有该不动产物权的证明。物权登记具有公示公信效力。本案中房产登记在于某乙、何某某名下,于某甲、陈某某要求确认其对房屋享有份额,于法不符。于某甲、陈某某欲确认诉争房屋的所有权,应向法院提供诉争房屋所有权存在争议的相关证据,在于某甲、陈某某没有证据证明不动产权属证书的记载有错误的前提下,主张作为涉案房屋的共有权人,是没有任何事实和法律依据的,于某乙、何某某对该房产享有完整的排他的权利。

1. 于某甲、陈某某依据的转账凭证与协议无法证明其对诉争房产享有份额,协议记载内容为"于某甲、陈某某投资1,000,000元整,如变卖处置房屋一次性给付于某甲、陈某某"。于某甲、陈某某又在诉状中陈述"投资是指国家或企业以及个人,为了特定目的,与对方签订协议,促进社会发展,实现互利互惠,输送资金的过程,又是特定经济主体为了在未来可预见的时期内获得收益或是资金增值",诚如于某甲、陈某某所说,投资的目的是获得收益或资金增值;而协议的内容并未对1,000,000元的投资收益做任何的记载,协议又记载了"如变卖处置房屋一次性给付于某甲、陈某某”，此处仅有返还的意思表示，明显不符合投资的根本目的。于某甲、陈某某与于某乙、何某某既无共同购房的合意也从未对投资比例、收益、房屋所享有的份额等相关事宜作出约定，四方没有共同购房的意思表示。根据《最高人民法院关于民事诉讼证据的若干规定》第2条的规定，于某甲、陈某某应当对其就诉争房屋享有份额承担相应的举证责任，然而于某甲、陈某某就其所主张的所有权归属问题缺乏充足的证据以组成完整的证据链加以证明。于某甲、陈某某应当承担举证不利的后果。

2. 诉争房产购置于2013年，距起诉已将近9年，如果四方真如于某甲、陈某某主张有共同购买房屋的合意，为何于某甲、陈某某在2013年购置房屋办理产权证时不提出主张。此处值得推敲。于某乙在2016年向何某某提起过离婚诉讼，何某某当时认为二人感情并未破裂，仍想维系家庭拒绝离婚。时至起诉时，二人感情并未好转，二人之间正在处理离婚事宜。于某甲、陈某某在购置房产将近9年之后，在二被告欲离婚之时提起确权之诉，要求对诉争房产享有份额，存在恶意提起诉讼分割于某乙、何某某夫妻共同财产的故意。于某甲、陈某某在诉状中提及何某某与于某乙孩子治病费用的问题，二人也就此事发生过多次矛盾，于某乙一直给孩子打的激素针价格高昂且打针事宜从不让何某某参与，只是以打针为由不断地找何某某索要远远超出其工资数额的金钱。于某乙与其父母于某甲、陈某某多次至何某某工作单位门口堵门要钱，甚至骚扰何某某领导，影响单位正常工作，因此事也多次报警，给何某某及其工作单位带来极其恶劣的影响。于某甲、陈某某在诉状中自认因孩子看病才提起本次诉讼，且于某乙自一审开始不仅一直就此案未做任何抗辩又一直同意其父母于某甲、陈某某的所有请求，也侧面证明了本案系于某乙与其父母以孩子看病为由向何某某索要高额金钱而不得，故而提起诉讼。

综上所述，请求法院查明事实，依法驳回于某甲、陈某某的诉讼请求。

## 【一审情况】

天津市河西区人民法院审理认为,因物权的归属、内容发生争议的,利害关系人可以请求确认权利。本案中,于某甲、陈某某主张其为于某乙、何某某购买的房屋出资属于于某甲、陈某某、于某乙、何某某四方共同购买诉争房屋,因此于某甲、陈某某应与于某乙、何某某按份共有;于某乙认可于某甲、陈某某主张,何某某主张系于某甲、陈某某出借于某乙、何某某款项用于购房。从当事人签订的书面协议内容来看,协议中约定于某甲、陈某某投资 1,000,000 元,同时约定如变卖处置房屋一次性给付于某甲、陈某某;该协议未反映于某甲、陈某某、于某乙、何某某四方共同购置房屋且共有诉争房屋的意思表示,仅能体现于某乙、何某某如处置房屋,于某乙、何某某需将 1,000,000 元返还于某甲、陈某某的意思表示,于某甲、陈某某不能提供其他证据证明四方共有的约定,因此,对于某甲、陈某某的诉讼请求不予支持。综上所述,依照原《物权法》* 第 33 条、《民事诉讼法》第 64 条第 1 款、《最高人民法院关于适用〈中华人民共和国民法典〉时间效力的若干规定》第 1 条的规定,判决驳回于某甲、陈某某的诉讼请求。

## 【二审情况】

于某甲、陈某某上诉请求:撤销一审判决第一项,改判确认上诉人共同共有天津市河西区某小区 ××× 号房屋 59.2% 的房产份额,并判令于某乙、何某某配合办理该房屋增加共有权人的登记手续。事实和理由:(1)于某甲、陈某某与于某乙、何某某达成的书面协议能够反映四方共同购置房屋且共有诉争房屋的意思表示。(2)何某某不积极给其女

---

* 本书案例中引用的法条均为案件审判时引用的版本。引用的法条与本书出版时有效的法条相比若无不同之处,则不另外标注;若引用的法律文件已失效,则加标“原”或“(已失效)”;若引用的法律文件已被修改,且引用法条序号或内容已变,则加标引用法条的生效年份。全书同。——编者注

儿何某萌治病,并且起诉与于某乙离婚,其行为系本案纠纷发生的根本原因,涉案房屋系于某甲、陈某某留给何某萌治病的保障。(3)涉案1,000,000元系于某甲、陈某某对房屋的"投资"而非"借款",一审法院认定有误。

于某乙辩称,认可于某甲、陈某某的上诉请求。

何某某辩称,一审法院认定事实清楚,适用法律正确,请求驳回于某甲、陈某某的上诉请求。

天津市第二中级人民法院审理认为,于某甲、陈某某要求确认对涉案房屋天津市河西区某小区×××号房屋享有59.2%的份额,依据为于某甲、陈某某与于某乙、何某某签订的书面协议,该书面协议内容为:"何某某、于某乙购买天津市河西区某小区×××号房屋总房款1,850,000元整,于某甲陈某某投资1,000,000元整,如变卖处置房屋一次性给付于某甲、陈某某。"通过该协议内容,明确表述于某甲、陈某某购买涉案房屋,虽然于某甲、陈某某实际向何某某共计转账1,000,000元,且有投资1,000,000元的内容,但是不能表明于某甲、陈某某及于某乙、何某某有共同购买房屋的意思表示,仅表明如遇变卖处置房屋的情形,应一次性返于某甲、陈某某1,000,000元,故于某甲、陈某某依据该份协议主张对涉案房屋享有相应份额,依据不足,一审法院驳回于某甲、陈某某的诉讼请求,并无不当,法院予以维持。

综上,依照《民事诉讼法》第176条第1款、第177条第1款第1项规定,判决驳回上诉,维持原判。

**【办案心得】**

本案诉讼产生的原因是于某乙与何某某夫妻感情不和,于某乙在离婚之时与父亲于某甲、母亲陈某某串通欲分得更多诉争房产份额。由于于某甲、陈某某提起的是确权之诉,因此本案的主要争议焦点是于某甲、陈某某转给何某某的购房款属于投资还是借款。为此,澍泽团队主要围绕协议记载内容没有共同购房的意思表示与出资1,000,000元的性质进行抗辩。庭审阶段,澍泽律师明确针对以上关键点进行逻辑性的多角度论证,最后代理意见获得一审、二审法院支持。

**【启示与提醒】**

现实生活中,很多小夫妻在买房的时候,由于无力独立承担高额的购房费用,往往需要父母给予经济上的帮助。为明确出资性质,防范子女婚姻风险给父母带来的财富损失,建议如下:

1. 签订借款协议。虽然父母支持子女购房是人之常情,但父母资助子女买房的钱也是血汗钱,甚至是养老钱,为了避免子女婚姻解体给父母带来财产损失,父母可以考虑与子女及其配偶签订《借款协议》。另外,父母在出资时,一是一定要留存好银行转账流水与回执单等相关证据;二是切忌现金交付,如果是现金交付,万一后期发生争议会很难证明自己的具体出资。当纠纷产生时,父母如果拿不出支付房产款的证据,将承担不利的法律后果。

2. 签订资金赠与协议。父母无论是在子女婚后全款还是部分出资给其子女购置房产,可考虑与子女签订资金赠与协议,说清楚钱是赠送给自己子女个人的,与另一方无关。协议签订后,建议到公证处进行公证。

总之,父母为子女结婚后购房出资,如无特殊约定或父母明确赠与自己子女一方,该出资会被认定为父母对夫妻双方的赠与。

**【法条链接】***

**《最高人民法院关于民事诉讼证据的若干规定》**

**第二条**　人民法院应当向当事人说明举证的要求及法律后果,促使当事人在合理期限内积极、全面、正确、诚实地完成举证。

当事人因客观原因不能自行收集的证据,可申请人民法院调查

* “法条链接”部分为出版时有效的版本。全书同。——编者注

收集。

**《民法典》**

**第二百三十四条** 因物权的归属、内容发生争议的，利害关系人可以请求确认权利。

**《最高人民法院关于适用〈中华人民共和国民法典〉时间效力的若干规定》**

**第一条** 民法典施行后的法律事实引起的民事纠纷案件，适用民法典的规定。

民法典施行前的法律事实引起的民事纠纷案件，适用当时的法律、司法解释的规定，但是法律、司法解释另有规定的除外。

民法典施行前的法律事实持续至民法典施行后，该法律事实引起的民事纠纷案件，适用民法典的规定，但是法律、司法解释另有规定的除外。

## 二、老板与员工投资款及借款问题的处理

——刘某与王某民间借贷纠纷案

**【基本案情】**

案由：民间借贷纠纷

上诉人（一审被告）：刘某

代理人：天津澍泽律师事务所

被上诉人（一审原告）：王某

一审被告：刘某云

2016年3月25日，王某通过其名下中国建设银行账号向刘某名下中国农业银行账号转账4万元。落款时间为2016年3月25日的借条记载，“今向公司王总（王某）借款人民币4万元，为期半年”。落款债务人处由刘某签字确认。2016年12月9日，王某通过其名下中国银行账号向刘某名下中国银行账号转账5万元。落款时间为2016年12月8日的借条记载，“今向王某借款人民币五万五千元，并承诺每月还3000元”。落款债务人处由刘某签字确认。王某主张现金给付刘某5000元，刘某对此不予认可。

王某称刘某向其介绍外汇平台进行投资，约定由刘某实际操作。刘某以王某名义在该平台开立账户，2016年12月12日，王某分七次向该平台转账共计341,789.7元。王某称与刘某口头约定亏损超过20%就

立刻停止平台内部的资金的操作，提取投资资金。刘某未按约定操作导致资金全部亏损，故刘某出具借条，双方签订借款合同，由刘某承担还款责任。刘某对在外汇平台操作原告资金情况认可，但否认双方存在亏损20%即提取资金的约定。刘某称因为迫于压力签订了借条和借款合同，落款时间为2017年1月19日的借条记载，“今有刘某向王某借款人民币35万元整（叁拾伍万元），定于两个月后还清”。落款处由刘某签字确认。之后，甲方（出借人）王某、乙方（借款人）刘某、丙方（保证人）刘某云签订《借款合同》，约定：“乙方于2016年3月25日向甲方借款人民币肆万元，后又于2016年12月8日向甲方借款人民币伍万伍仟元，于2017年1月19日又向甲方借款叁拾伍万元，叁次借款共计肆拾肆万伍仟元整。自2017年1月起乙方陆续还款甲方共计人民币壹万伍仟零陆拾叁元贰角陆分，尚欠甲方人民币肆拾贰万玖仟玖佰叁拾陆元柒角肆分（大写），¥：429，936.74（小写）。借款期限自2017年7月31日起至2019年7月30日止。乙方保证自2017年8月30日起，于每月30日至少还款甲方人民币3000元。丙方（保证人）愿意以自有全部资产为乙方依本合同所形成的全部债务提供不可撤销的连带责任保证。担保期限自主债权履行期限届满之日起三年。担保范围包括且不限于主债权、利息、逾期利息、违约金以及乙方实现债权所支付的费用。乙方逾期偿还借款的，逾期期间应按照借款总额的2‰/日向甲方支付逾期违约金。”

双方均认可刘某在《借款合同》签订之前及借款期内总计向王某偿还借款66，663元，其余借款未偿还。

案件审理过程中，刘某提出父亲刘某云不具备民事行为能力，一审法院告知其向有管辖权的法院提起宣告刘某云为限制（无）民事行为能力人的特别程序诉讼，但刘某未提起诉讼，后经一审法院与刘某云进行沟通，刘某与刘某云均认可刘某云系完全民事行为能力人。

**【一审情况】**

天津市北辰区人民法院一审判决认为，该案的争议焦点为：（1）王某提起诉讼的基础法律关系是合伙关系还是民间借贷关系,刘某应当返还王某的款项及利息数额;(2)被告刘某云是否应当承担保证责任。

关于争议焦点1。根据《最高人民法院关于审理民间借贷案件适用法律若干问题的规定》(2015年)第15条规定:"原告以借据、收据、欠条等债权凭证为依据提起民间借贷诉讼,被告依据基础法律关系提出抗辩或者反诉,并提供证据证明债权纠纷非民间借贷行为引起的,人民法院应当依据查明的案件事实,按照基础法律关系审理。当事人通过调解、和解或者清算达成的债权债务协议,不适用前款规定。"结合本案,对争议部分款项,虽王某基于投资目的交予刘某支配,但双方签订书面《借款合同》,该合同系双方之间对争议款项结算后形成的债权债务凭证,双方已将投资款项转化为借款;该转化系双方当事人的真实意思表示,不违反法律强制性规定,合法有效,应当认定为双方当事人就争议部分款项形成民间借贷关系,本案仍属民间借贷纠纷。关于借款数额,王某认可用于投资的款项实际金额为341,789.7元,双方的借款金额应以实际支付金额为准;另刘某否认收到王某给付的现金5000元,该部分借款刘某以手写字条及借款合同的方式两次予以确认,被告作为完全民事行为能力人,对自身的行为能够充分认知,且未提交相反证据予以证实,法院对刘某的抗辩意见不予采信。综上,双方借款合同期内未约定利息,故刘某还款应酌减借款本金,故刘某应偿还王某借款本金370,126.7元。本案立案时间早于2020年8月20日,双方借款合同约定的违约金标准过高,原告主张按照月息2%支付违约金,符合法律、司法解释的强制性规定,法院依法予以支持。

关于争议焦点2。关于担保责任,刘某云在《借款合同》担保人处签字确认系当事人真实意思表示,且未违反法律、行政法规的强制性规定,合法有效。刘某云承诺对该借款合同刘某所负债务承担连带保证责任,刘某云虽提出抗辩意见,但未提供证据予以证明,法院不予采信。现王某主张刘某云对债务承担连带保证责任,法院依法予以支持。

综上,依照原《合同法》第60条、第206条、第207条,原《担保法》第

18 条、第 31 条,《最高人民法院关于审理民间借贷案件适用法律若干问题的规定》第 2 条、第 15 条、第 29 条,《最高人民法院关于适用〈中华人民共和国民法典〉时间效力的若干规定》第 1 条,《民事诉讼法》第 64 条第 1 款,《最高人民法院关于适用〈中华人民共和国民事诉讼法〉的解释》第 90 条之规定,判决如下:

1. 刘某于本判决生效后 15 日内偿还原告王某借款本金 370,126.7 元及违约金(自 2019 年 7 月 31 日起至实际付清之日止,以本金 370,126.7元为基数,按照年利率 24% 计算);

2. 刘某云对上述第一项确定的被告刘某应承担的给付义务承担连带给付责任,被告刘某云承担保证担保责任后,有权向被告刘某追偿;

3. 驳回王某的其他诉讼请求。

**【澍泽代理】**

刘某不服一审判决,委托澍泽律师为其代理人,向天津市第二中级人民法院提起上诉。

接受委托后,澍泽律师认真分析案件材料及收集相关证据,针对一审认定的事实和争议问题,向天津市第二中级人民法院提出如下上诉意见:

1. 所谓"投资款转化为借款形成借贷关系"不合法、不成立。

第一,王某主张的 34.1 万余元投资款全部投资于澳汇平台,从事非法金融交易。澳汇平台未经国家许可、未履行 ICP 备案手续,属于非法网站。金融产品是"专卖品",不是谁都可以卖,不是想卖给谁就卖给谁,也不是谁想买就能买。对于对境内外投资者禁止的金融业务,以及未对外开放的金融业务,境外机构不得在境内经营。已对外开放的金融业务,境外机构必须持境内相关牌照合法合规经营。如果境外机构在境内从事禁止的、未对外开放的金融业务,或者仅持境外牌照在境内展业,均属于非法金融活动。即使澳汇平台在境外是合法机构,但是在未经国家有关部门许可的情况下,无权在境内跨境从事金融产品交易,其在境内开展金融业务属于非法金融活动,不受我国法律保护,王某亦无权在该平台投资购买金融产品,其投资行为非法,其投资款不应受到法律保护。

第二,根据《外汇管理条例》第10条“国务院外汇管理部门依法持有、管理、经营国家外汇储备,遵循安全、流动、增值的原则”的规定和第45条关于“私自买卖外汇、变相买卖外汇、倒买倒卖外汇”等行为属非法行为之规定,私人之间不得从事外汇兑换及投资外汇的行为。王某委托刘某的投资方式主要为外汇投资,违反了相关的法律法规,属无效法律行为,由此产生的合同亦为无效合同。

第三,2017年1月19日的借条以及此后的《借款合同》,均未涉及投资款项转化为借款事宜,双方并未明确约定将投资款转化为借款。王某投资外汇亏损后,对刘某施加了威胁与胁迫,无奈刘某报警,派出所虽出警进行调解,但最终以经济纠纷为由未做进一步处理。刘某迫于压力在35万元的借条和《借款合同》上签字,但是将投资款项转化为借款并非刘某的真实意思表示,且未经协商一致。

第四,王某在天津市河北区人民法院曾主张向刘某出借35万元现金,但在天津市北辰区人民法院却主张投资款35万元转化为借款,前后陈述自相矛盾,王某作为出借人并未履行交付35万元借款的义务。王某告知刘某账号和密码的行为,不应认定为其已经履行了交付款项的义务。王某告知账号和密码后,其委托刘某操作账户的同时,王某自己也在操作账户并且有出金转款的事实。王某通过其朋友的银行卡及自己的银行卡将投资款转入澳汇平台,其随时可以支配账户资金,将账户内的资金转入或者转出,本案中事实上也存在王某将其澳汇平台账户内的资金转出的事实,对此,王某在天津市河北区人民法院的询问笔录中也承认过。因此,王某账户资金的所有权并未转移给刘某,刘某也没有收到过王某主张的35万元款项。

第五,双方之间因34.1万余元投资款产生的纠纷并非民间借贷行为引起,王某主张的关于35万元的借贷关系并不存在,且违反了法律、法规强制性规定。本案王某虽然以借款合同为依据提起民间借贷诉讼，但从其陈述及提供的证据可以看出实际基础法律关系并非借贷关系，故应依法驳回王某关于35万元借款的诉讼请求。王某的投资款损失应另案或者通过其他法律途径解决。

2. 因投资款转化为借款不合法不成立，故刘某无须支付王某违约金。

3. 一审判决认定"2016年12月8日刘某向王某借款55,000元"，属于认定事实错误。2016年12月8日，刘某向王某实际借款50,000元，王某向刘某实际提供借款也是50,000元。王某主张额外交付刘某5000元现金，但并未提供证据证明，应按实际提供借款金额认定，对此王某应承担举证不能的不利后果。

4. 刘某实际向王某借款的总金额应为9万元，扣除已经偿还的借款66,663元，应偿还王某借款本金23,337元。

为支持上述观点，澍泽律师向天津市第二中级人民法院提交了以下新证据：

1. 天津市河北区人民法院2019年9月10日开庭笔录1份，证明王某曾于2019年在天津市河北区人民法院以民间借贷为由起诉刘某，因故撤诉。

2. 天津市河北区人民法院2019年11月12日开庭笔录1份，证明王某在天津市河北区人民法院开庭时主张2017年1月19日的35万元借款，给付刘某的是现金，前后陈述不一致。

3. 天津市河北区人民法院2019年12月5日询问笔录1份，证明王某自认自己在澳汇平台注册，交易美元指数、黄金、原油，自己每天操作美元指数。

4. 天津市河北区人民法院2019年12月6日询问笔录1份，证明王某主张的35万元借款并不存在，并且在澳汇平台的投资款资金来源只有20万元属于王某的自有资金，且并非王某向该平台转账，以及王某存在自己出金转账进行操作的事实。

5. 澳汇平台网站资料,证明王某的投资款用于奥汇平台交易,该平台未经国家许可和批准,在境内从事非法金融活动,王某的投资行为不合法,王某应该预见到私自从事炒汇行为及非法交易的法律后果。

6. 天津丹弗森科技有限公司企业信息查询,证明天津丹弗森科技有限公司原名称为中鑫汇银(天津)商务咨询有限公司,证明被王某所设立的经营范围包括财务信息咨询,王某作为金融产业从业人员,明知其在澳汇平台炒汇行为及交易的非法性质。

综上,澍泽律师认为一审判决认定"投资款转化为借款后形成民间借贷关系"错误,由此做出的一审判决书也是错误的,恳请二审法院撤销天津市北辰区人民法院(2021)津0113民初××××号民事判决书第一项即刘某于本判决生效后15日内偿还原告王某借款本金370,126.7元及违约金(自2019年7月31日起至实际付清之日止,以本金370,126.7元为基数,按照年利率24%计算),依法改判刘某偿还王某借款本金23,337元及违约金,或者依法发回重审。

**【二审情况】**

天津市第二中级人民法院认为,本案争议焦点主要集中在以下两个方面:(1)第二笔借款中的5000元是否已经给付;(2)35万元是否应该由刘某承担。

在庭审过程中,对方代理律师认为:

1. 第二笔借款中的5000元是以现金形式提供给刘某的,当时没有就该5000元借款出具借条。

2. 关于该35万元借款,刘某与王某签订有《借款合同》,双方均确认该35万元为刘某向王某的借款,投资款已经转化为借款。

3. 关于该35万元借款的来源,是王某通过自己的账户向刘某推荐的平台转账支付的,用于在该平台投资操作。

澍泽律师则认为:

1. 刘某未收到王某提供的所谓5000元借款,且王某未提供证据证明其向刘某提供了该5000元借款。

2. 所谓“投资款转化为借款形成借贷关系”不合法、不成立。该35万元借款实为投资款,应为34.1万余元,且全部用于澳汇平台非法金融交易。澳汇平台未经国家许可与备案,在境内从事非法金融交易,属于非法网站。澳汇平台上的金融交易违反了相关的法律法规,属无效法律行为,由此产生的合同亦为无效合同。

3. 2017年1月19日的借条以及此后的《借款合同》,均未涉及投资款转化为借款事宜,双方并未明确约定将投资款转化为借款。

4. 起初,王某在天津市河北区人民法院庭审中曾主张以现金方式向刘某出借35万元借款,后来在天津市北辰人民区法院庭审中却又主张投资款35万元转化为借款,前后陈述自相矛盾,王某作为出借人并未履行交付35万元借款的义务。

5. 双方之间因34.1万余元投资款产生的纠纷并非民间借贷行为引起,王某主张的关于35万元的借贷关系并不存在,且违反了法律、法规强制性规定。

合议庭对双方的意见和观点未作任何评价。在审判长主持下,本案争议双方自愿达成调解,由刘某给付王某15万元,分期给付,刘某于签订调解书时履行给付王某10万元;于2021年12月30日前给付王某5万元。上述事项履行完毕后,双方就本案债权债务清结,再无其他争议。本案代理工作圆满结束。

**【办案心得】**

本案属于澍泽律师处理的典型复杂疑难民商事案件,一审判决结果对刘某极为不利。作为二审诉讼代理人,在一审败诉的情况下,二审中确实面临很大的压力。澍泽律师在听取委托人刘某对案情介绍并综合分析一审判决书及双方证据后,认为一审判决遗漏以下事实:(1)王某34.1万余元投资款用于澳汇平台非法金融交易,投资款由王某操作转入其澳汇账户,而该平台未经国家许可及备案,在境内开展非法金融交易,属于非法网站;(2)王某曾于2019年8月在天津市河北区人民法院以民间借贷为由起诉过刘某,主张于2017年1月19日以现金方式向刘某提供35万元借款,后来撤诉;(3)王某自己在澳汇平台注册,委托刘某操作账户交易的同时,王某自己也在操作账户进行交易且有资金转出的事实;(4)刘某被迫签订《借款合同》的事实。王某声称这笔钱是他朋友的,赔了以后,怕没法跟朋友交代,就让刘某给其签个借条。刘某不同意签订,但此时刘某要离职,王某说要是不签,就去刘某家里找她妈妈。因为刘某的妈妈身不好刘某怕出事,于是在《借款合同》上签了字。

根据以上遗漏事实,澍泽律师认为王某与刘某之间因34.1万余元投资款产生的纠纷并非民间借贷行为引起,王某主张的关于35万元的借贷关系并不存在,且违反了法律、法规强制性规定。本案实际基础法律关系是委托投资关系并非借贷关系,故应依法驳回王某关于刘某借款的诉讼请求。王某的投资款损失应另案或者通过其他法律途径解决。为此,澍泽律师对刘某在一审中答辩的观点与引用的法律依据进行了较大调整,最终形成了被二审法院认可的代理思路和代理观点。

澍泽律师在庭审过程中同意调解结案的理由如下:

1.从现有证据情况分析,若要实现驳回王某一审全部诉讼请求的诉讼目标存在较大难度,一旦二审法院认定投资款转化为借款合法有效,届时二审法院有可能维持原判,驳回上诉,则刘某存在全部败诉的可能性。

2.根据一审和二审庭审情况来看,王某主张所谓的35万元借款系由投资款转化而来,而该投资款已经全部用于澳汇平台投资外汇等非法交易,该平台应被认定为在境内从事非法金融交易,该投资行为原则上应属无效民事法律行为。

3.结合本案已经查明的案件事实,王某确实委托刘某进行投资,刘某亦自认投资款亏损确系与其操作行为有一定的关联性,起初其亦认可赔偿王某35万元损失。若双方均同意调解解决,有利于化解纠纷,有效地避免矛盾激化。

本案尽管没有完全实现当事人的上诉目标，但避免了当事人可能遭遇更大的损失，由原来要向对方支付 37 万余元及违约金到最后支付 15 万元，当事人的债务减少了 20 余万元，系其真实意思表示，本案结果是完全可以接受的，当事人对案件处理结果表示满意。

可见，一审败诉并不可怕，关键是要能总结案情，厘清法律关系，找准上诉突破口，从而“对症下药”，对一审判决进行事实上和法律上的反驳，用最充分的准备、尽最大努力去说服二审法官。

**【启示与提醒】**

1. 当事人达成的口头协议虽然有法律效力，但因口头协议无法提供书面证据，一旦发生纠纷，法院无从认定。亲友之间合作，为了避免分歧和争议，建议订立书面协议，对合作项目、出资、经营管理、收益分配、合作期限、风险承担等必要事项作出明确约定，否则在合作项目亏损时，很容易产生争议。如本案产生纠纷的核心原因是刘某与王某在合作前没有对亏损风险、收益分配等事项进行书面约定，在项目出现亏损后，双方都从有利于自己的角度进行主张——刘某主张双方是委托投资关系，但王某却主张是借贷关系。

2. 近年来，随着经济社会发展，亲友间的民间借贷活动逐渐增多，因相互间碍于亲情或朋友关系，或对借款事项约定不明等因素，经常导致纠纷发生。如在本案中，王某主张额外交付刘某 5000 元现金，但刘某对此表示否认，由于王某未能提供证据证明，在法律上要承担举证不能的不利后果。因此，对出借人而言，为规避相应风险，建议如下：

(1)尽量签署书面的借款协议。在民间借贷纠纷案件中，主张存在借贷关系的原告负有举证和说明义务，原告仅提供金融机构的转账凭证的，还应当对存在借贷合意作出合理说明。因此，亲友之间确需借款的，应尽可能签订书面借款协议，对借款本金、还款期限和利息等问题进行明确约定，这并非不信任的表现，而是维护亲情的有力手段，有助于从源头上减少纠纷。即使出借人碍于情面，未能签署正式的借款合同，也应通过微信、短信等形式对款项性质予以明确,避免产生纠纷时承担不必要的诉讼风险。

(2)提高证据意识,注重留存证据。民事诉讼中,证据是认定事实的基本依据,负担举证责任的当事人应当提供证据,否则可能承担不利后果。除尽量签订书面的借款合同外,在款项交付上,可以优先选择通过银行转账或者其他支付软件转账;必须以现金形式交付的,应当留存取现、对方收款凭证等证据;在代借款人向第三人支付时,应当要求借款人出具说明或通过转账备注等形式予以明确。如果相关款项确系赠与或者其他性质,接收款项的一方应当要求付款方对款项性质予以明确,并保存相关证据,以免将来发生纠纷时因证据不足被认定为民间借贷,承担还款义务。

(3)防范"非法金融投资",争取做到以下几个方面:首先,不要盲目相信网络投资理财广告。骗子往往利用人性贪婪的弱点,鼓吹所谓的"高收益""低门槛""无风险",搭建非法的金融交易平台、钓鱼网站,诱骗受害者进行所谓的投资。其次,根据国家有关法律法规规定,在境内从事金融交易必须办理金融许可证,取得中国银行保险监督管理委员会依法颁发的特许金融机构经营金融业务的法律文件,以及依法办理有关登记手续,否则将不被允许在境内从事金融业务。最后,如果想要投资理财产品,一定要去正规合法的金融机构或者交易场所去购买,投资前一定要认真查看及判断金融产品的合法性。

**【法条链接】**

**《互联网信息服务管理办法》**

**第二条**　在中华人民共和国境内从事互联网信息服务活动,必须遵守本办法。

本办法所称互联网信息服务,是指通过互联网向上网用户提供信息的服务活动。

**第四条**　国家对经营性互联网信息服务实行许可制度;对非经营性

互联网信息服务实行备案制度。

未取得许可或者未履行备案手续的，不得从事互联网信息服务。

**第七条** 从事经营性互联网信息服务，应当向省、自治区、直辖市电信管理机构或者国务院信息产业主管部门申请办理互联网信息服务增值电信业务经营许可证（以下简称经营许可证）。

**《外汇管理条例》**

**第四条** 境内机构、境内个人的外汇收支或者外汇经营活动，以及境外机构、境外个人在境内的外汇收支或者外汇经营活动，适用本条例。

**第十条** 国务院外汇管理部门依法持有、管理、经营国家外汇储备，遵循安全、流动、增值的原则。

**第十六条** 境外机构、境外个人在境内直接投资，经有关主管部门批准后，应当到外汇管理机关办理登记。

境外机构、境外个人在境内从事有价证券或者衍生产品发行、交易，应当遵守国家关于市场准入的规定，并按照国务院外汇管理部门的规定办理登记。

**第十七条** 境内机构、境内个人向境外直接投资或者从事境外有价证券、衍生产品发行、交易，应当按照国务院外汇管理部门的规定办理登记。国家规定需要事先经有关主管部门批准或者备案的，应当在外汇登记前办理批准或者备案手续。

**第四十五条** 私自买卖外汇、变相买卖外汇、倒买倒卖外汇或者非法介绍买卖外汇数额较大的，由外汇管理机关给予警告，没收违法所得，处违法金额30%以下的罚款；情节严重的，处违法金额30%以上等值以下的罚款；构成犯罪的，依法追究刑事责任。

**《最高人民法院关于审理民间借贷案件适用法律若干问题的规定》**

**第十四条** 原告以借据、收据、欠条等债权凭证为依据提起民间借贷诉讼，被告依据基础法律关系提出抗辩或者反诉，并提供证据证明债权纠纷非民间借贷行为引起的，人民法院应当依据查明的案件事实，按照基础法律关系审理。

当事人通过调解、和解或者清算达成的债权债务协议,不适用前款规定。

**第十五条**　原告仅依据借据、收据、欠条等债权凭证提起民间借贷诉讼,被告抗辩已经偿还借款的,被告应当对其主张提供证据证明。被告提供相应证据证明其主张后,原告仍应就借贷关系的成立承担举证责任。

被告抗辩借贷行为尚未实际发生并能作出合理说明的,人民法院应当结合借贷金额、款项交付、当事人的经济能力、当地或者当事人之间的交易方式、交易习惯、当事人财产变动情况以及证人证言等事实和因素,综合判断查证借贷事实是否发生。

**第二十八条**　借贷双方对逾期利率有约定的,从其约定,但是以不超过年利率24%为限。未约定逾期利率或者约定不明的,人民法院可以区分不同情况处理:

(一)既未约定借期内的利率,也未约定逾期利率,出借人主张借款人自逾期还款之日起按照年利率6%支付资金占用期间利息的,人民法院应予支持;

(二)约定了借期内的利率但未约定逾期利率,出借人主张借款人自逾期还款之日起按照借期内的利率支付资金占用期间利息的,人民法院应予支持。

**《民法典》**

**第四百六十九条**　当事人订立合同,可以采用书面形式、口头形式或者其他形式。

书面形式是合同书、信件、电报、电传、传真等可以有形地表现所载内容的形式。

以电子数据交换、电子邮件等方式能够有形地表现所载内容,并可以随时调取查用的数据电文,视为书面形式。

## 三、楼上自来水管漏水导致楼下房屋被浸，责任由谁承担

——李某某与天津某自来水有限公司、徐某甲、徐某乙财产损害赔偿纠纷案

**【基本案情】**

案由:财产损害赔偿纠纷

原告:李某某

代理人:天津澍泽律师事务所

被告:天津某自来水有限公司(以下简称自来水公司)

被告:徐某甲

被告:徐某乙

李某某系某小区×栋×门101室的房屋所有人,徐某乙和徐某甲分别为李某某楼上201室和301室的房屋所有人,自来水公司系上述房屋坐落区域的自来水供应与管理单位。2020年1月30日21时许,徐某甲所有的301室房屋中,自来水结算水表外金属管与供水主管道连通的ABS塑料供水管接口处裂开,造成自来水跑漏。因当时301室房中无人,水经201室后流至一楼的101室,造成李某某的房屋被水浸泡。徐某乙家人发现301室跑水后及时与该小区物业联系,物业公司亦将此情况通知了其他被告。被告自来水公司接通知后派人赶赴现场关掉供水

管道开关,制止了自来水的继续跑漏,且事后对漏水管道进行了修复。此次跑水造成李某某房屋墙面、屋顶、地板等部位受损。

诉讼过程中,李某某就其因跑水所造成的房屋装修损失向法院申请司法鉴定,法院委托天津市某有形资产价格评估有限责任公司进行了鉴定,鉴定部门于2021年5月17日出具了《价格评估报告书》,鉴定评估价格为36,648元。为此鉴定,李某某支付鉴定费5000元。

**【澍泽代理】**

因漏水给李某某的房屋及屋内财产造成一定程度的损坏,2020年3月初李某某就因漏水事故造成的财产损失向自来水公司提出修复和索赔要求。自来水公司不同意进行修复和赔偿,李某某遂诉至法院,并委托澍泽律师作为本案的诉讼代理人。

接受委托后,澍泽律师于2021年1月13日向天津市滨海新区人民法院提交民事起诉状,诉求:(1)判令自来水公司、徐某甲、徐某乙共同赔偿李某某因自来水漏水事故所造成的房屋修复损失36,648元;(2)判令自来水公司、徐某甲、徐某乙共同赔偿李某某因自来水漏水事故所造成的租金损失18,000元;(3)本案诉讼费用和鉴定费用由自来水公司、徐某甲、徐某乙承担。

2021年6月10日,澍泽律师向天津市滨海新区人民法院提出如下代理意见:

1. 民事主体的人身权利、财产权利以及其他合法权益受法律保护,任何组织和个人侵犯或损坏他人财产的,应当恢复原状或者折价赔偿。本案中,自来水公司管理范围内的自来水设施发生损坏导致徐某甲301房屋漏水,自来水顺势而下将徐某乙201房屋浸泡,进而造成李某某101房屋浸泡,且经鉴定,李某某的损失为36,648元,鉴定费为5000元。因此,对于李某某的损失,自来水公司、徐某甲、徐某乙应予以赔偿。

2. 关于责任承担的主体。李某某房屋受到损害系自来水公司设施损坏造成徐某甲301房屋漏水所致。徐某甲301房屋和徐某乙201房屋泡水后，对自己财产管理维护不当，未及时采取有效措施阻止损害发生。因此，李某某房屋浸水产生的损失系自来水公司、徐某甲、徐某乙共同导致，故自来水公司、徐某甲、徐某乙应共同承担赔偿责任。

3. 根据原《侵权责任法》第 12 条的规定，二人以上分别实施侵权行为造成同一损害，能够确定责任大小的，各自承担相应的责任；难以确定责任大小的，平均承担赔偿责任。因本案中无法确定被告的责任大小，故对李某某的损失，自来水公司、徐某甲、徐某乙应平均承担赔偿责任。

**【审理情况】**

自来水公司辩称，不同意李某某的全部诉请，请求法院依法予以驳回。理由如下："(1)李某某的财产损失是由于徐某甲的房屋自来水管漏水所致，并非我公司造成，不应由我公司承担责任。徐某甲房屋内漏水是因为房屋内热水器损坏，热水器内的水不断加热，导致过量的热水回流。因自来水管道无法承受，管道受热不均匀，导致水表损坏及管道烫坏，造成表前漏水，故李某某的损失应由徐某甲承担。(2)依据《天津市城市供水用水条例》第 42 条的规定，建筑物以内至结算水表之间的管道是由产权人所负责。为此，徐某甲房屋内的自来水管道是由其所有并管理，并非由我公司进行管理。(3)我公司知道漏水情况之后，已经安排维修人员及时对漏水管道进行维修，在整个过程中我公司不存在任何过错，故对李某某的损失我司不应承担赔偿责任。"

徐某甲辩称，对李某某陈述的事实没有异议，但不同意赔偿李某某诉请的损失。2020 年 1 月 30 日，徐某甲房屋内水表前即入户自来水管道与入户结算水表之间的管件连接处发生了断裂，导致漏水事故发生，鉴于该漏水部位是结算水表之前，属于公共供水设施，该部位的日常管理和维护应由被告自来水公司负责，故李某某的损失应由被告自来水公司承担。

徐某乙辩称："对漏水事实没有异议，水是从三楼流下来的，我方第一时间联系物业，当时物业经理也过来看了，并联系了三楼，当时三楼和一楼家里都没有人,我家也被流水浸泡损失也挺大的,对一楼因漏水造成的损失,我方没有过错,不应承担赔偿责任。”

天津市滨海新区人民法院审理认为,公民的财产权益受法律保护,侵害公民财产权益并造成损害的,应当承担赔偿责任。本案中,因徐某甲所有的房屋内自来水管道跑水,致使李某某房屋装修受损,为此,对该损失自来水管道的管理和维护人应承担相应的赔偿责任。鉴于自来水管道泡水部位系在徐某甲自用计费水表以外金属管与供水主管道连接的 ABS 塑料供水管接口处,此处供水管道虽然在徐某甲所有的房屋内,但其应属于公共设施管道而非属徐某甲管理范围,该管道管理和维护者应为自来水公司,故因跑水给李某某造成的损失,自来水公司应承担主要赔偿责任。基于跑水管道在徐某甲所有的房屋内,其日常应有看护责任,在管道跑水时因其家中无人居住,未能在第一时间内发现并及时地采取补救措施,对李某某房屋损失的形成亦存有一定的责任,为此,因跑水给李某某造成的损失,徐某甲亦应承担一定的赔偿责任。而徐某乙作为 201 室房屋的所有人,对其楼上徐某甲房屋跑水不可预知,不可控制,且在发现跑水后,及时与相关部门和李某某、徐某甲联系,其对楼下李某某房屋损害结果的发生不具有过错,不应承担赔偿责任。至于自来水公司主张的徐某甲房屋内自来水管道接口裂开,系由其室内热水器损坏导致过量的热水回流,水表损坏、水管受热不均被烫坏所致,因自来水公司就其主张没有举证证实,故法院不予支持。

关于李某某主张的房屋装修损失数额问题。该项损失,经法院委托有关部门进行司法鉴定数额为 36,648 元,此数额因被告没有证据证实其具有不合理性,法院予以认定。另外,李某某为鉴定支付的费用 5000 元,亦属于其合理损失,被告应予赔偿。上述损失,法院综合考量自来水公司和徐某甲对跑水事故发生的过错责任,酌情确定由二者按 9∶1 的比例分担。

关于李某某主张的房屋租赁费损失,因李某某没有提交充分的证据予以证实,本案不予确认,另案解决。

综上,法院依照原《侵权责任法》第6条、第15条、第19条,《民事诉讼法》第64条的规定,判决如下:

1. 自来水公司于本判决生效后10日内向李某某支付房屋修复损失32,983.20元、鉴定费4500元;

2. 徐某甲于本判决生效后10日内向李某某支付房屋修复损失3664.80元、鉴定费500元;

3. 驳回李某某的其他诉讼请求。

案件受理费583元,由李某某负担139元,由自来水公司负担400元,由徐某甲负担44元。

**【办案心得】**

本案是一起典型的因共同侵权引起的财产损害赔偿案件。在这起案件中,自来水公司认为责任应当由徐某甲承担;徐某甲则认为责任应当由自来水公司承担;徐某乙认为自己没有过错,不应承担赔偿责任。

简单总结本案的代理,可以归纳为以下几点心得:

1. 澍泽律师于2020年7月21日接受委托,并于2020年7月27日向法院提起诉讼。但起诉后发现侵权人徐某甲当时并未在国内居住、生活,导致法院无法有效送达法律文书及进行财产损失评估。考虑到国际诉讼送达的复杂性,经与法官、委托人多次沟通,委托人决定暂时撤回对本案的起诉,待徐某甲回国后再次起诉。

2. 本案特点是各方当事人对本案的事实没有异议,但具体的责任承担存在不确性。原《侵权责任法》第12条规定:"二人以上分别实施侵权行为造成同一损害,能够确定责任大小的,各自承担相应的责任;难以确定责任大小的,平均承担赔偿责任。"根据该规定,为维护委托人的利益,我们将所有侵权人列为被告。届时,无论法律如何认定各被告的责任,委托人的损失都可获得赔偿。为维护委托人的合法权益,澍泽律师依法将自来水公司、徐某甲和徐某乙列为本案共同被告,要求其共同承担赔偿责任,以便委托人的损失在最大限度内得到赔偿。

3. 对类似本案当事人不能提供具体财产受损价值的财产损害赔偿案件,申请法院对受损财产价值进行评估鉴定十分必要,因为受损财产价值的确定是法院依法作出裁判的事实基础。

## 【启示与提醒】

1. 对自来水公司而言,应当建立巡线查漏管理制度,加大管线巡查频率,勤查快修,同时把不定期检查维护、定期评定分析结合,集中力量进行老化陈旧管线巡查,重点加强对各种阀门等设施的维护更新,防止接口密封不严、漏水。否则,当辖区内自来水管道因管理不当出现漏水或跑水事故,造成他人财产损失,将要承担相应的赔偿责任。

2. 对于楼上漏水,楼下住户发现后,要第一时间与物业公司、自来水公司及邻居联系,尽力将损失降到最低。同时,要做好相应证据的留存,在尽可能还原案件事实的基础上证明自己对案件结果的发生不存在过错,以达到减轻或不承担损害赔偿责任的法律效果。

## 【法条链接】

**《民法典》**

**第一百七十九条**　承担民事责任的方式主要有:

(一)停止侵害;

(二)排除妨碍;

(三)消除危险;

(四)返还财产;

(五)恢复原状;

(六)修理、重作、更换;

(七)继续履行;

(八)赔偿损失;

(九)支付违约金;

(十)消除影响、恢复名誉;

（十一）赔礼道歉。

法律规定惩罚性赔偿的，依照其规定。

本条规定的承担民事责任的方式，可以单独适用，也可以合并适用。

**第一千一百六十五条** 行为人因过错侵害他人民事权益造成损害的，应当承担侵权责任。

根据法律规定推定行为人有过错，其不能证明自己没有过错的，应当承担侵权责任。

**第一千一百七十二条** 二人以上分别实施侵权行为造成同一损害，能够确定责任大小的，各自承担相应的责任；难以确定责任大小的，平均承担赔偿责任。

**第一千一百八十四条** 侵害他人财产的，财产损失按照损失发生时的市场价格或者其他方式计算。

**《城市供水条例》**

**第二十七条** 城市自来水供水企业和自建设施供水的企业对其管理的城市供水的专用水库、引水渠道、取水口、泵站、井群、输（配）水管网、进户总水表、净（配）水厂、公用水站等设施，应当定期检查维修，确保安全运行。

**《天津市城市供水用水条例》**

**第四十条** 单位用户、新建住宅居民用户负责管理结算水表以内的管道等用水设施；供水企业负责管理结算水表及其以外的供水设施。

原有住宅居民用户负责管理结算水表以内的管道等用水设施；供水企业负责管理建筑物以外的供水设施和结算水表。建筑物以内至结算水表之间的供水设施由产权人负责管理；经改造验收合格后，由产权人将产权和管理移交供水企业，具体办法由市人民政府另行制定。

# 四、因电梯楼层标示特殊导致购房者错误装修他人房屋，责任由谁承担

——经某某与李某某、天津某物业管理公司、张某某、天津市静海区某房屋信息咨询服务中心商品房销售合同纠纷案

**【基本案情】**

案由：商品房销售合同纠纷

上诉人（原审原告）：经某某

被上诉人（原审被告）：李某某

被上诉人（原审被告）：天津某物业管理公司（以下简称物业公司）

代理人：天津澍泽律师事务所

被上诉人（原审第三人）：张某某，原天津市静海区某房屋信息咨询服务部（以下简称房屋信息咨询服务部）经营者

被上诉人（原审第三人）：天津市静海区某房屋信息咨询服务中心（以下简称房屋信息咨询服务中心）

案涉房屋坐落于天津市静海区某小区7号楼1门1203号房屋，所在楼层为12层。涉案房屋所处楼栋并未标记4层、13层、14层的楼层（楼栋电梯也未标有4、13、14层的楼层标记），涉案房屋标记楼层为15层，标记门牌号为1503。李某某系涉案房屋原所有权人，其因卖房将房

屋钥匙存放于物业公司处，于2019年4月委托房屋信息咨询服务中心出售涉案房屋。经某某通过房屋信息咨询服务部发布的房屋信息得知涉案房屋出售并与房屋信息咨询服务部取得联系后，房屋信息咨询服务部又与房屋信息咨询服务中心联系，之后房屋信息咨询服务中心受李某某委托从物业公司处取走钥匙带领经某某等人查看房屋。看房时在场人员有经某某、经某某对象、房屋信息咨询服务部人员、房屋信息咨询服务中心人员，看房人员所查看的房屋门牌号为1203，即实际楼层为11层的1103号房屋。后房屋信息咨询服务中心经营人于某薇在李某某的认可下替李某某与经某某儿媳李某月签订《房屋买卖协议》，约定房屋价款为680,000元。2019年5月8日，经某某方向李某某支付定金30,000元，给付房屋信息咨询服务部中介费3000元。2019年5月10日，经某某与李某某签订《天津市存量房屋买卖协议》，由经某某购买涉案房屋，房屋价款为650,000元，房屋于当日交付。现房屋已经过户至经某某名下。

经某某对房屋进行装修后，才得知其装修的房屋门牌号为1203的房屋实际楼层为11层，其所购买的涉案房屋门牌号应为1503。对于涉案房屋所在楼栋缺少标记为4、13、14层的楼层一事，经某某表示其在装修错房屋以后才知道；李某某表示其在经某某买房时不知道，于2019年七八月知道的；房屋信息咨询服务部及房屋信息咨询服务中心均表示是在经某某装修错房屋以后才知道的。

为此，经某某将李某某（被告）、房屋信息咨询服务部（第三人）诉至天津市静海区人民法院，诉讼请求为：依法解除《房屋买卖协议》与《天津市存量房屋买卖协议》；判令李某某返还经某某购房款680,000元；判令李某某赔偿经某某各项损失共计209,908.5元；诉讼费用由被告承担。天津市静海区人民法院于2020年1月8日作出（2019）津0118民初××××号的民事判决驳回经某某的全部诉讼请求。经某某不服该判决向天津市第二中级人民法院提起上诉。天津市第二中级人民法院作出（2020）津02民终××××号民事裁定书撤销一审法院判决，发回重审。天津市静海区人民法院于2020年8月26日重新立案后，依据经某某的申请,依法追加了物业公司作为被告,房屋信息咨询服务中心作为第三人参加诉讼;发回重审后,经某某变更诉讼请求为:依法判令李某某及第三人房屋信息咨询服务部、房屋信息咨询服务中心赔偿装修损失198,000元,要求物业公司承担连带赔偿责任。

庭审期间,经一审、二审法院询问,经某某表示不申请对其房屋损失进行鉴定评估。

**【澍泽代理】**

经某某将物业公司追加为本案被告后,物业公司委托澍泽律师作为本案的代理律师。

接受委托后,澍泽律师经过对案件事实与法律的深入分析,向天津市静海区人民法院提出如下代理意见:

1. 物业公司不是本案的适格被告。本案纠纷的案由为商品房销售合同纠纷,而物业公司与经某某之间系物业服务合同关系,与本案并非同一个法律关系,所以物业公司不是适格被告。

2. 物业公司与经某某建立的是物业服务合同关系。按照合同约定,经某某所主张的事实与安全管理义务有关,而物业服务合同的约定,物业公司所提供的物业服务主要是为公共区域提供物业服务。经某某主张的损失系业主自有私人空间范围的损失,物业公司无权就经某某私人空间范围内的损失进行管理。

综上,法院应当驳回经某某要求物业公司承担连带赔偿责任的诉讼请求。

**【一审情况】**

李某某辩称:"我与经某某签订的房屋买卖合同合法有效,我已经将买卖房屋交付经某某,经某某装修的错误与被告没有关系,其损失依法不予赔偿,故请求法院驳回经某某的全部诉请。经某某在诉状中陈诉的事实与理由没有任何根据,我在原一审、二审中提交了相关证据做了充分说明与质证，我在原来的庭审的质证中提交的证据，在本案中仍然有效。”

房屋信息咨询服务部述称：“本次交易中我方没有任何过错，经某某找我买房子，我提供房源，房源是房屋信息咨询服务中心提供给我的，我在看房之前不知道楼层及位置，商量好价格之后，合同是我给签的，后经某某说自己做评估、过户、分期付款，都是他们自己办的，交接水、电、气、物业费都是他们自己办的。我作为中介只收了 3000 元，在我无过错的前提下，要求我赔偿 20 万元的损失，不公道，故不同意经某某的诉请。”

房屋信息咨询服务中心经营者述称：“（1）李某某通过微信告诉我他的房要出售。（2）我把此房的信息发到朋友圈之后，房屋信息咨询服务部联系到我要看房，我给李某某打电话，他告诉我去物业拿钥匙，我到物业公司说明情况，物业公司工作人员拿出业主登记手册，查到 7 号楼一门 1203 号房屋李某某后又跟李某某通电话确认后，给我拿的带有李某某标签的钥匙，我拿到钥匙后又给李某某打电话问楼号，他告诉我按电梯 12 楼，东单，门牌上有门牌号 1203。我和房屋信息咨询服务部还有经某某一起上楼打开房门看房。（3）李某某和物业公司没有告诉我们实际门牌号为 1503，而且我在物业拿完钥匙直接带经某某看房。（4）最主要的环节是（过户、评估、物业交接、房屋交割）时，经某某主张自己办理不用中介，出现后果自负。（5）评估时，评估师是根据李某某向房管局提供的房产证上的楼号（而且买卖双方到场的情况下进行拍照）做评估。（6）经某某所装修的房屋是没有水、电、气的，在这种情况下是无法装修的。（7）在装修之前接通电源是得通过物业公司的。（8）房子是李某某交付给经某某的，至于经某某装错房与我们中介没有任何关系，中介是按李某某的交代看的房，后续过户评估、物业交接、房屋交割都是经某某和李某某自己办理的，不用我们中介。对经某某所产生的损失与中介无关，中介不承担任何损失。（9）经某某装错房与我们交给的钥匙无关，在交钥匙之前，买卖双方都已经交易完成，李某某才通知我把钥匙给经某某的，不管钥匙交与否，是不能随便去别人家开门，这个道理人人都懂。”

天津市静海区人民法院审理认为,根据经某某变更后之诉请,本案应为损害赔偿责任纠纷。根据《民法典》第 1165 条第 1 款之规定“行为人因过错侵害他人民事权益造成损害的,应当承担侵权责任”,本案中,涉案房屋所处楼栋缺少 4、13、14 层的楼层标记,导致实际坐落于 12 层的涉案房屋标记门牌号为1503,具有一定的特殊性。李某某作为涉案房屋的原所有权人,其在委托中介出售房屋及签订房屋买卖协议、办理房屋过户手续时对该涉案房屋的特殊性具有告知义务,但庭审中李某某表示在出售房屋时对涉案楼栋缺少楼层标记一事不知情,对其出售的房屋情况缺少充分且必要的审查,应对经某某的认识错误导致因装修房屋错误而遭受相关损失承担主要责任。经某某所遭受的装修损失系其对购买房屋情况的认识错误。经某某作为完全民事行为能力人,其在购买房屋并进行装修时,应当对该房屋情况进行充分细致的了解,涉案楼栋并未有 4、13、14 层的楼层标记,且电梯内亦未有该三层的按键,经某某应当能够认识到涉案楼栋具有的特殊性,但因其疏忽大意未对其购买房屋情况正确认识,应对其因装修房屋错误而遭受相关损失承担次要责任。房屋信息咨询服务中心和房屋信息咨询服务部,因在经某某与李某某买房过程中,房屋信息咨询服务中心始终经过李某某委托从事相关工作,李某某也予以认可,经某某亦无证据证明房屋信息咨询服务部、房屋信息咨询服务中心存在过错,故房屋信息咨询服务中心和房屋信息咨询服务部在本案中不承担责任,对其因此收取的相关费用和本案非同一法律关系,相关权利人可另行主张权利。经某某主张物业公司承担连带赔偿责任,但其提交的证据无法充分证实物业公司对其购买房屋情况认识错误具有过错,应当承担举证不利的后果。综上,结合案件事实经过及各方过错程度,一审法院酌定经某某对其装修房屋错误所遭受的损失承担30% 的责任,李某某对经某某装修房屋错误所遭受的损失承担70% 的责任。

对于经某某因装修房屋错误所遭受损失的认定,因经某某不申请对其房屋损失进行鉴定评估,其提交的三张收据亦不能作为其损失的定案依据故本案不予处理，经某某可在具备相关证据情况下，另行主张权利。

综上，依照《民法典》第1165条、《最高人民法院关于适用〈中华人民共和国民事诉讼法〉的解释》第90条之规定，判决驳回经某某的诉讼请求。

**【二审情况】**

天津市静海区人民法院于2021年9月22日作出（2020）津0118民初××××号民事判决，经某某不服该判决，向天津市第一中级人民法院提起上诉。天津市第一中级人民法院于2021年12月14日立案，房屋信息咨询服务部于2021年5月10日注销。

经某某上诉请求：撤销一审判决，依法改判支持经某某的一审全部诉讼请求。事实和理由：（1）李某某在此前的庭审中多次表示知道楼层的特殊性，且特意告知中介楼层的特殊性，一审法院对此事实认定不清，因李某某未进行告知导致经某某装修房屋发生错误，应当承担全部责任；（2）经某某已提交了装修损失的证据，各被上诉人放弃鉴定申请，应当承担举证不能的法律后果；（3）物业公司应当承担连带赔偿责任，中介公司作为专业售房机构，应当有义务了解所涉楼宇的特殊性，因此也应当承担赔偿责任。

李某某辩称，1103号房屋的业主是否把钥匙交予物业公司，1203号房屋钥匙是否能打开1103号房屋，经某某为何会将诉争房屋钥匙弄丢，上述事实均未查清，严重影响本案责任比例的承担，一审法院认定李某某承担70%的责任对李某某不公，物业公司对经某某的装修错误损失应当承担主要责任，房屋信息咨询服务中心亦有责任，一审法院认定的责任比例对李某某过重。

物业公司辩称，一审法院认定事实清楚，适用法律正确，要求驳回上诉，维持原判。

张某某述称，一审法院认定事实清楚，适用法律正确，要求驳回上诉，维持原判。

房屋信息咨询服务中心述称,一审法院认定事实清楚,适用法律正确,要求驳回上诉,维持原判。

天津市第一中级人民法院审理认为,当事人的合法权益受法律保护。经某某作为房屋买受人要求各被上诉人赔偿其损失,李某某作为房屋原所有权人应当对房屋情况最清楚。一审庭审中李某某表示在出售房屋时对涉案楼栋缺少楼层标记一事不知情,而在原二审庭审中房屋信息咨询服务部曾陈述在与李某某沟通取钥匙确认房屋具体位置时,李某某告知门牌号是1203,坐电梯到12楼,且李某某告知该中介其出售的是房本上的1203号房屋。而经某某作为房屋买受人,房屋并非一般普通商品,其在现场查看房屋时亦应当对于房屋的状况进行充分了解,尽到审慎注意的义务。因此,一审法院结合各方当事人的陈述及在案证据,充分分析后认定对于经某某装修错误的产生,由经某某承担30%的责任、李某某承担70%的责任并无不当,法院予以维持。关于经某某主张的装修损失,经某某现有证据不足以证实其损失金额,各方当事人现均不申请鉴定,同时因经某某实际装修的房屋并非其所购房屋,各方当事人对该房屋均不享有权利,如该房屋所有权人因其装修行为获益,经某某可另行主张权利并确定装修损失金额,如经某某通过另案诉讼后仍认为无法弥补其损失,其可依据确定的装修损失金额及本案确定的责任比例再行主张权利。

综上,经某某的上诉请求不能成立,应予驳回;一审法院判决处理结果正确,应予维持。

**【办案心得】**

本案看似是一起简单的商品房销售合同纠纷案件,但实质是损害赔偿责任纠纷。本案原告遭受了实际损失,却没有得到法院判决确认。原因有二:(1)原告代理人对本案法律关系解读及诉讼策略选择存在错误。原告及其代理人应当选择以"不当得利"为由起诉1103号房屋的所有权人,要求1103号房屋所有权人返还装修款。如果1103号房屋所有权人不认可原告装修款的金额，则原告应申请对该房屋的装修费用进行鉴定。因1103号房屋原始状态为毛坯，原告的装修行为实际上是一种添附行为。依据《民法典》第322条、第985条的规定，1103号房屋所有权人应对原告的装修款进行返还。(2)原告及其代理人未对原告的装修损失进行鉴定存在错误。因原告及其代理人未在首次诉讼时起诉1103号房屋所有权人，导致其在首次诉讼时无法对1103号房屋装修费用进行鉴定，其在二次诉讼时，1103号房屋已被原房主卖出，更加不可能对装修费用进行鉴定，从而直接导致一审法院因原告的损失无法确定而判决驳回其诉讼请求。由于原告只向法院提交了装修合同，而没有正规票据，且本案其他当事人对原告提交的证据均不认可，导致一审法院无法认定原告的实际损失。由此可见，司法鉴定在这类案件中的作用非常重要。

**【启示与提醒】**

1. 对于购买新房的购房者而言，建议在装修前与物业公司确认即将装修的房屋是否系自己的，并注意保存相应证据。对于购买二手房的购房者而言，如果在购房时只是中介带看房，房屋所有权人没有在场的，建议在签约前要求房屋所有权人亲自带看房屋，并注意保存相应证据。

2. 对于二手房屋出售者而言，如果房屋存在类似本案的电梯楼层标示特殊问题，务必要将实际情况告诉中介与购房者，并注意保存好相应证据。

3. 对于物业管理公司而言，在贴电梯的楼层号时要注意不要贴错。实务中，由于工作人员疏忽，很容易会把负1层、负2层贴成1层、2层，这样会导致整栋楼的层号错位了两层。如果电梯的楼层号贴错，业主在物业管理公司没有贴门牌号前装修了别人的房子，物业公司应当承担因过错导致的赔偿责任。

**【法条链接】**

**《民法典》**

**第三百二十二条**　因加工、附合、混合而产生的物的归属,有约定的,按照约定;没有约定或者约定不明确的,依照法律规定;法律没有规定的,按照充分发挥物的效用以及保护无过错当事人的原则确定。因一方当事人的过错或者确定物的归属造成另一方当事人损害的,应当给予赔偿或者补偿。

**第九百八十五条**　得利人没有法律根据取得不当利益的,受损失的人可以请求得利人返还取得的利益,但是有下列情形之一的除外:

(一)为履行道德义务进行的给付;

(二)债务到期之前的清偿;

(三)明知无给付义务而进行的债务清偿。

**第一千一百六十五条**　行为人因过错侵害他人民事权益造成损害的,应当承担侵权责任。

依照法律规定推定行为人有过错,其不能证明自己没有过错的,应当承担侵权责任。

**《最高人民法院关于适用〈中华人民共和国民法典〉时间效力的若干规定》**

**第一条**　民法典施行后的法律事实引起的民事纠纷案件,适用民法典的规定。

民法典施行前的法律事实引起的民事纠纷案件,适用当时的法律、司法解释的规定,但是法律、司法解释另有规定的除外。

民法典施行前的法律事实持续至民法典施行后,该法律事实引起的民事纠纷案件,适用民法典的规定,但是法律、司法解释另有规定的除外。

# 五、员工上班期间被骚扰，同事为维护员工利益与他人发生口角并将他人殴打致轻微伤，是否能认定为职务行为

——李某与于某某、某某（北京）保洁服务有限公司健康权纠纷案

**【基本案情】**

案由：健康权纠纷

上诉人（原审原告）：李某

上诉人（原审被告）：某某（北京）保洁服务有限公司（以下简称保洁公司）

代理人：天津澍泽律师事务所

原审被告：于某某

李某原系天津市和平区某商厦保安部保安员。于某某系保洁公司员工，在天津市和平区某商厦从事保洁领班工作。2021 年 6 月 19 日 20 时 30 分许，保洁部员工董某玲找到领班于某某，称李某对其进行骚扰，为维护员工利益，于某某带董某玲找到李某，告知其不要再骚扰董某玲。20 时 50 分许李某因此事自觉气愤来到某商厦地下二层保洁部与于某某理论，双方发生口角，李某多次用手对于某某指指点点；20 时 58 分 3 秒

于某某用右拳击打李某左胳膊一下，双方被劝开后，双方互相用手指对方，于某某用手打掉李某对其指点的右手；20 时 58 分 19 秒，李某挥拳击打于某某面部，于某某与李某厮打在一起，于某某将李某拽摔在地并用身体压住李某，后双方被其他人分开。于某某于 21 时 9 分左右拨打报警电话，天津市公安局某派出所接到报案后到达事发现场进行处置。事件发生后李某即被送往天津市天津医院住院治疗，诊断为：（1）左侧全髋关节置换术后假体周围骨折；（2）右全髋关节置换术后；（3）左骨浅静脉血栓。后李某于 2021 年 6 月 25 日至 7 月 16 日在黑龙江中德骨科医院进行住院治疗，诊断为：（1）左侧全髋关节置换术后假体周围骨折；（2）右侧全髋关节置换术后。李某于 2021 年 7 月 16 日至 19 日在黑龙江远东心脑血管医院住院治疗，于 2021 年 7 月 17 日行下腔静脉滤器取出术。李某共花费医疗费 121,539.51 元。2021 年 10 月 12 日天津市津实司法鉴定中心（以下简称津实鉴定中心）就李某所受伤情出具司法鉴定意见书，鉴定意见为：被鉴定人李某的左全髋关节置换术后假体周围骨折为旋转的间接暴力所致。即身体失衡过程中左下肢相对固定，而上身与左下肢不处于一条纵轴线，在此过程中左下肢承受应力加大，且超出骨质的强度所致。其身体失衡后倒地过程中身体旋转的间接暴力，是造成左全髋关节置换术后假体周围骨折的成伤机制。与他人在发生肢体冲突受伤之间存在因果关系。被鉴定人李某左全髋关节置换术后假体周围骨折是间接暴力的外伤和自身髋关节置换术后、骨质疏松后骨的强度下降共同作用的结果，外伤参与程度为 45% ~55%。被鉴定人李某的左侧股骨近端假体周围粉碎性骨折为轻微伤。李某花费鉴定费 9500 元。天津市公安局某分局于 2021 年 10 月 14 日对于某某作出行政处罚决定书，认定于某某于 2021 年 6 月 19 日 20 时 30 分许，在天津市和平区某商厦地下二层，与原告发生口角，后于某某对李某进行殴打致原告轻微伤，决定给予于某某行政拘留 7 日并处罚款 200 元的行政处罚。

案件审理过程中，李某申请对伤残等级、误工期、护理期、营养期进行鉴定。2022 年 2 月 21 日天津医科大学司法医学鉴定中心出具司法鉴定意见书，鉴定意见为：李某左股骨大小粗隆粉碎骨折行手术内固定，左髋关节活动受限符合十级残疾。李某的误工期最长270日，护理期最长180日，营养期最长180日。李某花费鉴定费1820元。保洁公司提出书面异议，天津市和平区人民法院要求鉴定机构书面回复，对此天津医科大学司法医学鉴定中心对被告的异议进行了书面回复。

**【澍泽代理】**

2022年3月10日，李某将保洁公司、于某某诉至法院，诉求为：(1)请求判令二被告连带赔偿医疗费121,709.51元，司法鉴定费11,320元，残疾赔偿金95,318元，误工费40,866.16元，护理费27,114.36元，交通费1809元，药品、器械及住院用品费2983元，复印费167元，住院伙食补助费2800元，营养费9000元，精神损害抚慰金5000元，以上共计315,287.3元；(2)请求判令二被告承担本案诉讼费用。为此，保洁公司委托澍泽律师作为本案的代理律师。

接受委托后，澍泽律师经过对案件事实与法律的深入分析，向天津市和平区人民法院提出如下代理意见：

1. 天津医科大学司法医学鉴定中心出具的鉴定意见无事实及法律依据，对鉴定结论不予认可，十级伤残评定依据适用法律错误。鉴定意见所依据的是《人体伤残程度分级标准》，本案李某受伤部分系与髋关节有一定距离，不会直接影响髋关节的活动。误工费应计算至定残前日，本案误工费应为247日，而非270日，本案鉴定意见没有考虑已经经过两次鉴定和自身原因，不具备定残参照载体条件，仅是简单套用条文缺乏依据。

2. 李某置自身不顾，刻意对员工董某玲骚扰，挑衅他人，导致本案事件发生，需对本案承担全部责任。保洁公司调和得体，没有不恰当行为。而李某事后，为发泄自己不满情绪打人，于某某是正当防卫。李某受伤的主要原因是髋关节置换术后关节活动受限，于某某只是致原告摔倒，如果是一般人不会有这样的损害结果。

3. 于某某的行为是个人行为,保洁公司不存在过错,不应承担责任。于某某没有经公司授权成为保洁人员。本案起因是私事,且涉案事件已经处理完毕。于某某是为了阻止原告对董某玲造成伤害,出于正义调和,与职务行为无关。根据《民法典》第1191条第1款的规定,用人单位的工作人员因执行工作任务造成他人损害的,由用人单位承担侵权责任。本案中,于某某与李案发生冲突与执行工作无关,不应承担责任。

收到一审判决书后,澍泽律师认为一审法院认定事实与适用法律均存在错误,经与保洁公司沟通,结合案件事实与职务行为的法律适用,建议保洁公司对本案提出上诉。保洁公司认可澍泽律师的观点,遂决定向天津市第一中级人民法院提起上诉,并继续委托澍泽律师为代理人参加本案。

对一审认定事实与适用法律存在的问题,澍泽律师经过细致分析案情及深入研究法学理论后,向天津市第一中级人民法院提出了如下上诉意见:

1. 一审法院认定案件事实错误,李某应承担本案主要过错责任。

(1)李某已在公安机关笔录中,对于自己挑起事端的事实进行了如实陈述与认可。

(2)通过公安机关笔录可以证实,李某自认骚扰董某玲在先,事后迁怒于于某某,首先动手殴打于某某致其鼻孔出血,导致事态扩大,对于事件的发生应承担主要责任;而一审法院置被上诉人自认的事实于不顾,却认定于某某先动手,已经严重背离了作为一个中立裁判者不偏不倚审理案件的行为准则。

2. 本案应依据津实鉴定中心确定的外伤参与度比例,扣除李某因其身体质原因产生的损失部分。

(1)依据津实鉴定中心鉴定意见证实,本案李某全部损失中,外伤参与度为45% ~55%,也就是说其全部损失中仅45% ~55%为外伤导致,这部分损失可以由双方按过错责任分担。

（2）本案李某、于某某笔录及证人证言可以证实，李某在明知自身缺陷状况的情况下，仍然骚扰他人，去他人单位找人打架，对于可能发生损害应该是明知道（其经历两次髋关节置换术，相关主要事项有医嘱告知），甚至是以此为资本挑衅他人。依据《民法典》第1174条的规定，“损害是因受害人故意造成的，行为人不承担责任”，因此本案中对于李某因自身疾病产生的损失部分应由其自己承担；况且于某某对于李某身体实际状况并不知情，正常人在这样的冲突中并不会产生这样结果，承担责任应以过错相当为原则，于某某的过错并不必然导致这样的全部损失，以此为基础要求于某某分担损失显失公平。

（3）《民法典》第1176条第1款规定“自愿参加具有一定风险的文体活动，因其他参加者的行为受到损害的，受害人不得请求其他参加者承担侵权责任……”依据该规定，本案中李某积极的违法行为（打架），因此产生的损失更应由其自己承担。

3. 一审法院认定于某某与李某之间的打架行为为执行职务行为，由保洁公司承担侵权责任是错误的，缺乏事实和法律依据。

依据《民法典》第1191条第1款的规定，用人单位的工作人员因执行工作任务造成他人损害的，由用人单位承担侵权责任。

（1）依照法律规定，用人单位承担侵权责任的前提是其工作人员的行为与“执行工作任务”有关，与工作无关的行为，即使发生在工作时间内，用人单位也不应承担侵权责任。那么，在判断工作人员的侵权行为是否属于执行工作任务时，除一般原则外还必须综合考虑其他因素，如行为的内容、行为之名义、行为是否符合雇佣目的、行为的受益人，以及是否与用人单位意志有关联。

本案中，于某某的职责是保洁而不是公司的安保，其完全可以通过合法途径解决而不是诉诸武力，其与李某发生打架的直接原因是被李某殴打后情绪失控的自卫，是为防止自身权益受到进一步伤害，并非为了保护公司或他人利益；事发时董某玲并不在现场，通过视频可以发现是郭某君在现场拉架，更进一步证实是于某某与李某争强好胜互殴，与他人无关,与公司利益更无关。

(2)违法行为产生的损害后果,应由违法行为人承担。如果因为违法者的员工身份就任意解读法律,判决公司承担责任,等同于变相对违法行为的支持、纵容,违背了公平正义的法律适用原则。

4.一审法院证据采信错误。

依据证据证明力规则,公安机关(国家)取得的证据证明力优于其他方式取得的证据,而本案一审法院置公安机关取得的证据于不顾,仅凭李某代理人对部分视频录像(无声音)的个人解读,就作为定案依据,明显违背证据采信原则。公安机关前期关于本案采信的证据,程序合法,具有真实性、合法性、关联性,对于查清案件事实,分清各方责任,具有决定意义;而一审法院仅凭一段模糊不清的视频录像,就确定各方责任的承担,是对审判权的滥用,违背了不偏不倚审理原则。

综上,一审法院认定事实错误,适用法律错误,判决缺乏证据支持,请求二审法院依法改判,判决驳回被上诉人李某对上诉人保洁公司的诉讼请求。

**【一审情况】**

于某某辩称,请求法院驳回李某的全部诉讼请求。理由如下:(1)于某某是在工作时间、工作地点因为职务行为造成的本次事件的发生,他没有主观故意或者重大过失,自身没有过错,因此于某某不应承担责任。(2)李某存在重大过错。李某工作中酗酒,性骚扰董某玲,导致董某玲离婚、抑郁;且李某是在众人劝离后再次找到于某某、董某玲等人的岗位,首先动手打伤于某某,这一点有证人保洁公司员工郭某君、董某玲等相关人员在某派出所相关笔录佐证,郭某君到庭作证也证实了该情况。退一步讲,即使保洁公司、于某某承担责任也应在参与度基础上予以降低,只承担轻微责任。(3)李某在事发当天就辞职了,其中发生的相关费用有一部是自身骨质疏松和原先的髋关节置换术以及自身的心脑血管疾病造成的,本人存在较严重的既往病史,因此不应该由保洁公司与于某某承担该部分赔偿责任。此外，李某为农村户口，应参照农村户口作为相关计算标准。伤情鉴定是当时基于刑事案件考量原、被告双方行为对李某倒地后果的影响，但是作为民事侵权案件，李某的过错是考量双方对李某倒地后果如何划分责任的一个重要因素。因此，过错程度也应该体现在参与度上，原告自身承担的责任应该更高大。

天津市和平区人民法院认为，侵害公民身体造成伤害的，应当承担赔偿责任。通过公安机关卷宗材料及监控录像，可以证实于某某殴打李某的事实。根据《民法典》第1173条的规定："被侵权人对同一损害的发生或者扩大有过错的，可以减轻侵权人的责任。"李某因气愤而心生不满，主动到保洁部与于某某理论，双方产生口角致使矛盾扩大，后于某某先用右拳击打李某左胳膊并用手打掉了李某对其指指点点的手，李某挥拳击打于某某面部致使矛盾进一步升级，李某对此也存在过错。综合本案案情，确定李某应自负30%的责任。于某某在工作时间和工作地点，听单位员工董某玲称李某对其骚扰，其找到李某告知其不准再骚扰董某玲，系维护单位员工利益的行为；后李某与于某某发生争执并造成事态扩大亦是由此事引起，于某某殴打李某虽然其中有个人因素，但综合全过程来看，其行为与职务有内在的联系，应认定为系执行职务的行为，应由用人单位即保洁公司承担侵权责任，赔偿李某70%的经济损失。李某主张于某某与保洁公司承担连带赔偿责任缺乏法律依据，不予支持。关于是否考虑参与度的问题，津实鉴定中心出具的司法鉴定意见书中虽认定的外伤参与程度为45%～55%，但李某自身髋关节置换术后、骨质疏松后骨的强度下降的特殊体质并非法律规定的过错，不应因其体质状况对外伤导致的损害后果存在一定影响而自负相应的责任。故本案中不予考虑外伤的参与度。关于李某是否骚扰女员工董某玲的问题，因仅有董某玲个人的证人证言，李某对此表示否认，且董某玲在公安机关表示不追究李某的责任，认为是同事之间开玩笑，故现有证据不足以证实原告骚扰董某玲。因保洁公司对天津医科大学司法医学鉴定中心作出的鉴定意见不予认可，对此，天津医科大学司法医学鉴定中心对异议的内容作出了书面回复。保洁公司未能提供相反证据证实该鉴定意见依据不足,故对鉴定意见予以确认。对于李某主张的各项损失:(1)关于医疗费。李某因此次纠纷导致身体受伤,其在天津市天津医院、黑龙江中德骨科医院、黑龙江远东心脑血管医院共花费医疗费121,539.51元(含救护车费7870元),予以支持。关于李某之子李某爽的门诊费票据,不予支持。(2)关于鉴定费。李某在津实鉴定中心鉴定花费鉴定费9500元,在天津医科大学司法医学鉴定中心鉴定花费鉴定费1820元,共计11,320元,属于其花费的合理经济损失,予以支持。(3)关于残疾赔偿金。根据上一年度城镇居民人均可支配收入51,486元/年的标准,李某构成十级伤残,其伤残赔偿金应为102,972元。(4)关于误工费。虽鉴定意见为误工期最长270日,但根据法律的规定,因伤致残持续误工的,误工时间可以计算至定残日前一天,从2021年6月20日至伤残鉴定意见作出之日前一日2022年2月20日,共计246日,李某未提供其工资收入标准,参照上一年度居民服务业平均工资52,504元/年的标准计算,李某的误工费应为35,386.26元。(5)关于护理费。鉴定意见为护理期最长180日,参照上一年度居民服务业平均工资52,504元/年的标准计算,护理费应为25,892.38元。(6)关于交通费。李某提供的票据不能证实完全与就医相关,酌情支持1000元。(7)关于营养费。经鉴定营养期最长为180日,支持50元/天的标准,共计9000元。(8)关于药品、器械及住院用品费。对于花费的拐杖50元,考虑李某伤情确有必要,应属于残疾辅助器具费,予以支持;对于药品576元,因无医嘱不能确定是李某购买;爽身粉12元、住院用品617元,体现不出为李某购买,且该费用不属于法定赔偿项目,不予支持;关于生物化学药品(蛋白粉)428元、人血白蛋白1300元,因该费用系加强营养的费用,在本案中已经支持了营养费,故对于上述费用不再支持。(9)关于住院伙食补助费2800元。因原告住院共计28日,该费用符合法律规定,予以支持。(10)关于复印费。并非法律规定的侵权案件需赔偿的项目,不予支持。以上费用共计309,960.15元,由保洁公司赔偿上述费用的70%,计216,972.11元。关于精神损害抚慰金，李某因本次伤害构成十级伤残，同时考虑其自身也存在一定的过错，酌情支持3500元。

综上，依照《民法典》第1165条、第1173条、第1191条，《最高人民法院关于适用〈中华人民共和国民事诉讼法〉的解释》第90条的规定，判决如下：

1. 本判决生效之日起10日内，保洁公司赔偿李某医疗费121,539.51元、鉴定费11,320元、残疾赔偿金102,972元、误工费35,386.26元、护理费25,892.38元、交通费1000元、营养费9000元、残疾辅助器具费50元、住院伙食补助费2800元，共计309,960.15元的70%，计216,972.11元。

2. 本判决生效之日起10日内，保洁公司赔偿李某精神损害抚慰金3500元。

3. 驳回李某的其他诉讼请求。如果未按本判决指定的期间履行给付金钱义务，应当按照《民事诉讼法》第260条的规定，加倍支付迟延履行期间的债务利息。案件受理费2015元，由原告李某负担612.6元，由保洁公司负担1402.4元。

**【二审情况】**

李某上诉请求：(1)撤销一审判决，改判保洁公司仍需继续赔偿李某剩余30%的费用，即92,988.04元；(2)一审、二审诉讼费用由保洁公司承担。

保洁公司上诉请求：(1)撤销一审判决，改判驳回李某对保洁公司的诉讼请求；(2)一审、二审诉讼费用由李某承担。

李某辩称，驳回保洁公司的上诉请求。

保洁公司辩称，驳回李某的上诉请求。

于某某辩称，驳回上诉，维持原判。

天津市第一中级人民法院认为：首先，关于侵权责任主体问题。于某某虽出于维护公司员工利益的目的，但与李某发生肢体冲突，致李某身体受到伤害，其行为已超出职责范围，应自行承担相应侵权责任。一审法院认定职务行为,缺乏事实依据,法院予以纠正。其次,关于侵权责任比例问题。李某与于某某发生矛盾的起因,系于某某为维护单位员工利益,与同事共同找到李某解决矛盾。事后,李某又主动找到于某某发生争执进而发生肢体冲突。双方未能冷静处理矛盾,对于损害后果的发生均有过错,应承担同等责任。最后,关于损害赔偿范围问题。经鉴定,李某左全髋关节置换术后假体周围骨折是间接暴力的外伤和自身髋关节置换术后、骨质疏松后骨的强度下降共同作用的结果,外伤参与程度为45%~55%。李某曾进行左全髋关节置换术,而非特殊体质,故在计算残疾赔偿金中应考虑外伤参与程度,根据案件实际及鉴定意见,酌定外伤参与程度为50%。

综上,李某的上诉请求不能成立,应予驳回;保洁公司上诉请求成立,予以支持。依照《民事诉讼法》第176条第1款、第177条第1款第2项规定,判决如下:

1. 撤销天津市和平区人民法院(2022)津0101民初××××号民事判决;

2. 本判决生效之日起10日内,于某某赔偿李某医疗费121,539.51元、鉴定费11,320元、残疾赔偿金51,486元(102,972×50%)、误工费35,386.26元、护理费25,892.38元、交通费1000元、营养费9000元、残疾辅助器具费50元、住院伙食补助费2800元,共计258,474.15元的50%,计129,237.08元;

3. 本判决生效之日起10日内,于某某赔偿李某精神损害抚慰金3500元;

4. 驳回李某的其他诉讼请求。

## 【办案心得】

本案是关于职务侵权的典型案件,也是适用《民法典》第1191条第1款的一个典型案件,对我国法院处理该类案件有一定的参考意义。回顾本案代理工作,澍泽律师深刻感觉到本案在一审败诉的情况下,最终能够取得圆满的胜诉结果,实属不易。本案客观事实和争议焦点非常清晰,其诉讼难点在于如何认定案件法律事实以及准确适用法律。2020年5月28日,全国人民代表大会通过了《民法典》,该法于2021年1月1日起正式施行。《民法典》第1191条第1款规定:“用人单位的工作人员因执行工作任务造成他人损害的,由用人单位承担侵权责任。用人单位承担侵权责任后,可以向有故意或者重大过失的工作人员追偿。”该条款在立法层面明确规定了用人单位对工作人员的追偿权,规范了司法实务中因司法解释与法律规定不一致所导致的混乱状况。但由于法律条文所固有的原则性、抽象性,对该条款在司法裁判中如何具体适用仍存在许多问题。比如,用人单位行使追偿权属于劳动争议还是普通民事纠纷?对“执行工作任务”如何进行认定?用人单位行使追偿权的比例如何确定等?对本案来说,难点问题是对“执行工作任务”如何进行认定。如果于某某的行为属于“执行工作任务”,则保洁公司要承担赔偿责任;如果于某某的行为不属于“执行工作任务”,则保洁公司不需要承担赔偿责任。基于该考虑,在二审诉讼中,澍泽律师主要围绕“于某某的行为不属于执行工作任务”进行抗辩,最后代理意见获得二审法院支持,驳回李某对保洁公司的诉讼请求。

本案也提醒律师,一审败诉并不可怕,关键是要能总结案情,厘清法律关系,找准上诉节点,从而“对症下药”,对一审判决进行事实上和法律上的反驳,用最充分的准备、尽最大努力去说服二审法官。

**【启示与提醒】**

1. 对员工来说,要注意上班期间造成他人损害的,责任并不一定都由企业承担。企业承担侵权责任的前提是员工的行为与“执行工作任务”有关,与工作无关的行为,即使发生在工作时间内,企业也不承担侵权责任。因此,员工在上班期间与他人发生矛盾,一定要通过合理合法的途径解决,即使是出于维护公司利益的目的,也不得使用暴力殴打他人,否则可能自行承担相应侵权责任。

2. 对企业来说,要重视职务侵权的风险防范。首先,在劳动合同中应明确约定职工的工作内容及权限。其次,风险发生时,要及时处理并保存好证据,以避免在解决纠纷中处于不利的境地。最后,要定期进行安全培训,并在风险发生后积极妥善处理,尽到企业的管理职责。

**【法条链接】**

**《民法典》**

**第一千一百六十五条**　行为人因过错侵害他人民事权益造成损害的,应当承担侵权责任。

依照法律规定推定行为人有过错,其不能证明自己没有过错的,应当承担侵权责任。

**第一千一百七十三条**　被侵权人对同一损害的发生或者扩大有过错的,可以减轻侵权人的责任。

**第一千一百七十四条**　损害是因受害人故意造成的,行为人不承担责任。

**第一千一百七十六条**　自愿参加具有一定风险的文体活动,因其他参加者的行为受到损害的,受害人不得请求其他参加者承担侵权责任;但是,其他参加者对损害的发生有故意或者重大过失的除外。

活动组织者的责任适用本法第一千一百九十八条至第一千二百零一条的规定。

**第一千一百九十一条**　用人单位的工作人员因执行工作任务造成他人损害的,由用人单位承担侵权责任。用人单位承担侵权责任后,可以向有故意或者重大过失的工作人员追偿。

劳务派遣期间,被派遣的工作人员因执行工作任务造成他人损害的,由接受劳务派遣的用工单位承担侵权责任;劳务派遣单位有过错的,承担相应的责任。

**《最高人民法院关于适用〈中华人民共和国民事诉讼法〉的解释》**

**第九十条**　当事人对自己提出的诉讼请求所依据的事实或者反驳

对方诉讼请求所依据的事实，应当提供证据加以证明，但法律另有规定的除外。

在作出判决前，当事人未能提供证据或者证据不足以证明其事实主张的，由负有举证证明责任的当事人承担不利的后果。

## 六、为制止侵害实施的正当防卫，不应受到行政处罚

——吕某某诉天津市公安局某派出所、天津市公安局某分局行政诉讼案

**【基本案情】**

案由:行政诉讼

原告:吕某某

代理人:天津澍泽律师事务所

被告:天津市公安局某派出所

被告:天津市公安局某分局

第三人:董某某

2012 年 12 月 20 日 15 时 30 分许，吕某某报警称，在天津市和平区多伦道与新安路交口附近，自己被董某某无故揪住，发生撕扯。在撕扯过程中，董某某抢走自己的金项链。吕某某在向董某某要回金项链过程中双方又发生撕扯，后吕某某将金项链要回，董某某离开。之后，吕某某发现金项链部分缺失，其认为董某某抢走部分金项链，故报警。2012 年 12 月 21 日，天津市公安局某分局决定以寻衅滋事案刑事立案侦查。2020 年 6 月 2 日，因侦查过程中发现无犯罪事实，天津市公安局某分局决定撤销寻衅滋事刑事案件。天津市公安局某派出所于同日将案件受

理为殴打他人的行政案件。2020年7月1日，天津市公安局某派出所经审批决定延长办案期限30日。2020年7月31日，天津市公安局某派出所向吕某某进行行政处罚前告知，将拟行政处罚的事实、理由、依据告知吕某某，吕某某拒绝签字，天津市公安局某派出所在告知笔录上注明。

2020年7月31日，天津市公安局某派出所作出和公（劝）行罚决字[2020]××××号《行政处罚决定书》，主要内容为：吕某某于2012年12月20日15时许，在天津市和平区多伦道新安路交口附近，因琐事同董某某发生争执后动手厮打。以上事实有吕某某的陈述和申辩、董某某询问笔录、证人证言等证据为证。根据《治安管理处罚法》第43条第1款的规定，现决定对吕某某行政罚款人民币200元。吕某某不服，于2020年8月5日向天津市公安局某分局申请行政复议，天津市公安局某分局于同日受理。2020年9月28日，天津市公安局某分局决定延长行政复议期限30日，于当日向吕某某邮寄送达《期限延长通知书》。2020年11月3日，天津市公安局某分局作出津公和复决字[2020]×××号《行政复议决定书》，维持上述行政处罚决定。

法庭经审查，还发现如下与本案相关的事实：

1. 天津市公安局某派出所于2020年7月31日作出和公（劝）行罚决字[2020]××××号《行政处罚决定书》，根据《治安管理处罚法》第43条第1款之规定，决定对董某某罚款200元。

2. 天津市公安局某派出所向吕某某送达的和公（劝）行罚决字[2020]××××号《行政处罚决定书》上加盖"天津市公安局某分局"公章；附卷和公（劝）行罚决字[2020]××××号《行政处罚决定书》上加盖"天津市公安局某派出所"公章。

3. 天津市公安局某派出所提交的呈请撤销案件报告书中载明，"吕某某因在路边尿尿而被董某某制止进而发生打架，应认定为民间纠纷而引发的打架的普通行政案件，不宜认定为寻衅滋事类刑事案件；现场有目击证人证实是董某某从现场拾得的吕某某掉在地上的项链，该行为不能构成盗、抢类侵财犯罪；吕某某称从董某某手中要回的项链少了一部分,此情节仅有吕某某及其妻王某某的陈述,没有其他证据佐证不宜认定,以吕某某、王某某二人的陈述,亦属人民法院直接管辖的侵占自诉案件。综上所述,侦查过程中发现无犯罪事实"。

4. 天津市公安局某派出所于2021年5月17日撤销被诉《行政处罚决定书》,天津市公安局某分局于2021年5月17日撤销被诉《行政复议决定书》。

## 【澍泽代理】

对于被处200元罚款的行政处罚,吕某某不服,遂向天津市和平区人民法院提起行政诉讼。澍泽律师接受天津市和平区法律援助中心委托,担任吕某某的诉讼代理人。

接受委托后,澍泽律师认真分析案件材料,向天津市和平区人民法院提出如下代理意见:

1. 吕某某没有违法行为,根据《公安机关执行〈中华人民共和国治安管理处罚法〉有关问题的解释(二)》第1条的规定,关于制止违反治安管理行为的法律责任问题,为了免受正在进行的违反治安管理行为的侵害而采取的制止违法侵害行为,不属于违反治安管理行为。吕某某与董某某发生纠纷,是董某某对吕某某进行了侵害以后,吕某某为制止侵害的正当防卫,因此不应受到处罚。

2. 在吕某某与董某某发生纠纷后,吕某某报案,公安机关对董某某进行了立案侦查处理,吕某某属于受害者,公安机关对于吕某某当时的行为没有进行违法认定,根据《治安管理处罚法》第22条的规定,"违反治安管理行为在六个月内没有被公安机关发现的,不再处罚。前款规定的期限,从违反治安管理行为发生之日起计算;违反治安管理行为有连续或者继续状态的,从行为终了之日起计算"。无论吕某某的行为是否违反《治安管理处罚法》,根据法律规定都已超过追诉时效。

3. 被告对吕某某作出行政处罚,行政处罚决定书中加盖的印章是天津市公安局某分局,该处罚决定书明确写明复议机构是天津市公安局或者同级人民政府，但天津市公安局某派出所民警却告知吕某某复议机构是天津市公安局某分局。出于对民警的信任，吕某某到天津市公安局某分局进行行政复议，复议机构天津市公安局某分局没有告知吕某某正确的复议机构，就接受案件并进行复议。根据《治安管理处罚法》第 91 条的规定，治安管理处罚由县级以上人民政府公安机关决定；其中警告、500 元以下的罚款可以由公安派出所决定。因此，作出 200 元行政处罚的机构可以是分局，也可以是派出所。天津市公安局某分局作出行政处罚决定，又由其自身作出行政复议，违反《行政复议法》第 17 条“行政复议机关收到行政复议申请后，应当在五日内进行审查，对不符合本法规定的行政复议申请，决定不予受理，并书面告知申请人；对符合本法规定，但是不属于本机关受理的行政复议申请，应当告知申请人向有关行政复议机关提出。除前款规定外，行政复议申请自行政复议机关负责法制工作的机构收到之日起即为受理”的规定，行政复议程序不当。

4. 行政处罚案卷中的证据，不能证明吕某某有违法行为。案件发生时的视频监控公安机关一直未调取，仅根据吕某某与董某某互相矛盾的笔录，不能作为定案证据，不符合《治安管理处罚法》第 93 条“公安机关查处治安案件，对没有本人陈述，但其他证据能够证明案件事实的，可以作出治安管理处罚决定。但是，只有本人陈述，没有其他证据证明的，不能作出治安管理处罚决定”的规定。

5. 天津市公安局某派出所调查取证及送达相关法律文书均为一人，且询问时间与形成笔录时间不一致，根据《公安机关办理行政案件程序规定》第 52 条的规定，公安机关进行询问、辨认、检查、勘验，实施行政强制措施等调查取证工作时，人民警察不得少于二人，并表明执法身份。接报案、受案登记、接受证据、信息采集、调解、送达文书等工作，可以由一名人民警察带领警务辅助人员进行，但应当全程录音录像。本案中，天津市公安局某派出所作出行政处罚的依据不当，多项文书没有当事人签字，而且除办案民警签名外无其他见证人签字证明，也无执法记录仪资料等其他证据予以印证。

综上,被告作出行政处罚依据不足、程序违法,行政复议程序违法,请求人民法院支持原告的诉讼请求。

**【审理情况】**

天津市公安局某派出所辩称,"吕某某于2012年12月20日15时许,在天津市和平区多伦道新安路交口处附近,因琐事同董某某发生争执后动手厮打。我所调查取证证实了上述事实,后依据《治安管理处罚法》第43条第1款的规定,以殴打他人为由对吕某某裁决罚款200元的行政处罚。决定送达后,吕某某不服,向天津市公安局某分局提出复议申请。天津市公安局某分局于2020年11月3日依法作出维持我所原裁决的复议决定。送达后,吕某某不服,提起行政诉讼。我所对此案件进行复核后认为,吕某某殴打他人的违法事实有吕某某的陈述和申辩、同案人董某某的陈述和申辩、证人证言等证据证实。案发当天,吕某某与董某某因琐事发生口角,后双方互相动手扭打在一起。后吕某某报警称其项链被抢。我所接到报案后立即调查取证,于当日将该案受理为刑事案件,并立为刑事案件。我所经过侦查取证,证实该刑事案件中没有实施犯罪行为,故将该案件予以撤案,但相关证据能够证实吕某某对董某某实施了殴打的违法行为。我所本着教育与处罚相结合的原则,对吕某某作出罚款200元的行政处罚决定,适用法律正确,程序合法,内容适当。吕某某在行政诉讼中提出的事实理由,没有充分的证据以及相关法律予以支持,请法院不予采纳。综上所述,我所对吕某某作出的行政处罚决定书,事实清楚,证据充分,适用法律正确,程序合法,请依法驳回原告的诉讼请求"。

天津市公安局某分局辩称,"吕某某于2020年8月5日向我局递交行政复议申请书。我局于当日受理。后经审查,于2020年11月3日依法作出行政复议决定书,并于当日向吕某某本人邮寄送达,后吕某某对该复议决定书不服,提起诉讼。我局认为,我局对吕某某申请的行政复议,依法进行审查,作出的行政复议决定,事实清楚,证据确凿,适用法律正确,程序合法,请依法驳回原告的诉讼请求"。

天津市和平区人民法院审理认为，依据《治安管理处罚法》第 91 条“治安管理处罚由县级以上人民政府公安机关决定；其中警告、五百元以下的罚款可以由公安派出所决定”之规定，天津市公安局某派出所具有作出被诉行政处罚决定的主体资格和法定职权；依据《行政复议法》第 3 条“依照本法履行行政复议职责的行政机关是行政复议机关。行政复议机关负责法制工作的机构具体办理行政复议事项，履行下列职责：……”之规定，天津市公安局某分局具有受理行政复议申请、作出行政复议决定的主体资格和法定职权。吕某某收到的和公（劝）行罚决字［2020］××××号《行政处罚决定书》上虽加盖“天津市公安局某分局”公章，但天津市公安局某派出所有权作出本案所涉罚款 200 元的行政处罚，且所涉处罚决定审批程序也由被告天津市公安局某派出所作出，因此，天津市公安局某派出所系在送达吕某某的决定书上加盖了错误公章，但吕某某收到行政处罚决定书后已向天津市公安局某分局提起行政复议，后向法院提起行政诉讼，天津市公安局某派出所加盖错误公章的行为没有对原告行政复议及诉讼权利造成实际影响。

根据天津市公安局某派出所提交的证据，吕某某与董某某于 2012 年 12 月 20 日发生的冲突，存在多个互相关联的行为，对这些行为的定性会对案件定性产生直接影响，本案以寻衅滋事案刑事立案侦查。刑事撤案后，天津市公安局某派出所未综合考虑行为之间的联系，认定吕某某与董某某因琐事发生争执后动手厮打构成行政违法，据此作出被诉《行政处罚决定书》，属事实认定不清，主要证据不足，应予撤销。天津市公安局某分局作出被诉《行政复议决定书》，维持天津市公安局某派出所作出的被诉《行政处罚决定书》，亦属不当，应一并予以撤销。鉴于在诉讼过程中，天津市公安局某派出所已自行撤销被诉《行政处罚决定书》，天津市公安局某分局已自行撤销被诉《行政复议决定书》，本案已不具有可撤销内容，现吕某某仍坚持继续诉讼，故依照《行政诉讼法》第 74 条第 2 款第 2 项、第 79 条规定，判决如下：

1. 确认天津市公安局某派出所作出的和公（劝）行罚决字［2020］×

×××号《行政处罚决定书》违法;

2. 确认天津市公安局某分局作出的津公和复决字[2020]×××号《行政复议决定书》违法。

案件受理费50元由天津市公安局某派出所负担。

## 【办案心得】

老百姓在生活中遇到麻烦,首先想到的就是找警察,但是有时公安局、派出所办理案件解决矛盾的结果也不尽公正,个别案件会出现"各打五十大板"、草草应付了事的情况。如果老百姓受到不公正的处罚,一定要拿起法律武器。行政复议和行政诉讼都是保障老百姓最终能得到公正结果的手段和措施。在处理行政案件时,律师不但要抓案件事实查个案细节,更要审查行政行为作出的程序,也就是说,认定行政行为是否违法,要从作出行政行为的主体、时效、法律依据、具体行政行为等方面逐一审查。而且行政案件涉及的法律法规也相当庞杂,不但需要对相关法律进行分析,更要了解部门规章等,掌握公安机关办案流程,从中找出有利于当事人的材料。这起行政案件虽小,但律师责任重大。在这起"民告官"的诉讼中,律师是老百姓的助力更是支撑,不但要提供专业法律知识,更要推心置腹相互信任,也只有这样,才能扭转局面,取得胜利。

## 【启示与提醒】

现实生活中,人与人之间因小问题最后产生纠纷的情形十分普遍,当发生纠纷时,如果控制不住冲动,容易造成违法犯罪的情况出现。实务中,如果有人对我们实施轻微暴力,如何应对才能规避相应法律风险,建议如下:

1. 在发生纠纷的时候要控制好自己的情绪,不要让事态向着激化的方向发展。临场的情绪如果难以控制,务必要给自己一个底线,不能作为主要过错方在事态中出现。在事态进一步发展,第一时间提醒自己拨打"110",无论什么情况记住这一点,首先报警的人是有相对优势的;如果自己被对方缠住无法拨打“110”，可求助在现场围观的群众报警；如果事态发展到不受控制的程度，记住不要先动手伤人，要做好防御，清醒是制胜的法宝。

2. 如果事态发展到不受控制的程度，如双方发展到撕扯的阶段，记住不可使用伤人动作，如拳头、巴掌、脚踢等，可以使用推、拉、挡等控制手段，因为控制手段属于防卫不算殴打。目前正当防卫已经有了相应的法律规定，但是也有防卫极限，防卫要和伤害行为相对应；反之就变成互殴。

3. 如果撕扯或殴打行为已经结束，要注意保护证据。如果周围有群众围观，一定要寻找两名以上的证人，并搜寻附近公安机关或者商铺的电子摄像头并及时调取事发录像，防止以后在案件处理过程中出现麻烦。如果周围无人，只有一方对另一方的情况，建议初期就不要让纠纷升级，立即离开不利的地方，或者找到有人或监控的地方再进行理论。

4. 案件发生后，要全力配合公安机关工作，积极解决问题，立刻提供现场证人信息。如果有受伤的情况，要求公安机关第一时间固定伤情证据，以免离开办案机关后，无法证实伤情是在纠纷中产生。如果伤情过重，一定要及早住院。住院后，要认真检查入院诊断记录，一定要求医生把伤情写清楚，以防止医生漏记伤情。

最后需要提醒的是，除正当防卫外，两人以下任何使用暴力殴打或者更严重的持器械殴打对方，如果造成对方轻伤以上，将可能涉嫌故意伤害罪、寻衅滋事等刑事犯罪，而三人以上成帮结伙地互相进行殴斗，破坏公共秩序的行为，无论对方伤情如何，还将涉嫌聚众斗殴罪等。

**【法条链接】**

**《治安管理处罚法》**

**第二十二条** 违反治安管理行为在六个月内没有被公安机关发现的，不再处罚。

前款规定的期限，从违反治安管理行为发生之日起计算；违反治安管理行为有连续或者继续状态的，从行为终了之日起计算。

**第四十三条** 殴打他人的，或者故意伤害他人身体的，处五日以上十日以下拘留,并处二百元以上五百元以下罚款;情节较轻的,处五日以下拘留或者五百元以下罚款。

有下列情形之一的,处十日以上十五日以下拘留,并处五百元以上一千元以下罚款:

(一)结伙殴打、伤害他人的;

(二)殴打、伤害残疾人、孕妇、不满十四周岁的人或者六十周岁以上的人的;

(三)多次殴打、伤害他人或者一次殴打、伤害多人的。

**第九十一条**　治安管理处罚由县级以上人民政府公安机关决定;其中警告、五百元以下的罚款可以由公安派出所决定。

**《公安机关执行〈中华人民共和国治安管理处罚法〉有关问题的解释(二)》**

**第一条**　关于制止违反治安管理行为的法律责任问题

为了免受正在进行的违反治安管理行为的侵害而采取的制止违法侵害行为,不属于违反治安管理行为。但对事先挑拨、故意挑逗他人对自己进行侵害,然后以制止违法侵害为名对他人加以侵害的行为,以及互相斗殴的行为,应当予以治安管理处罚。

**《行政复议法》(2017年修正)**

**第十七条**　行政复议机关收到行政复议申请后,应当在五日内进行审查,对不符合本法规定的行政复议申请,决定不予受理,并书面告知申请人;对符合本法规定,但是不属于本机关受理的行政复议申请,应当告知申请人向有关行政复议机关提出。

除前款规定外,行政复议申请自行政复议机关负责法制工作的机构收到之日起即为受理。

**《公安机关办理行政案件程序规定》**

**第五十二条**　公安机关进行询问、辨认、检查、勘验,实施行政强制措施等调查取证工作时,人民警察不得少于二人,并表明执法身份。

接报案、受案登记、接受证据、信息采集、调解、送达文书等工作,可以由一名人民警察带领警务辅助人员进行,但应当全程录音录像。

# 七、未成年人的父亲死亡、母亲再婚，祖父母是否可成为孙子的监护人

——李某某、高某某申请变更监护人案

**【基本案情】**

案由:申请变更监护人

申请人:李某某

申请人:高某某

代理人:天津澍泽律师事务所

被申请人:刘某某

李某博,男,汉族,2013 年 11 月 14 日出生,住乐陵市铁营镇某某村×××号;李某研,男,汉族,2013 年 11 月 14 日出生,住乐陵市铁营镇某某村×××号。李某某、高某某系夫妻关系,其子李某与刘某某结婚后,于 2013 年 11 月 14 日生育双胞胎男孩,分别取名为李某博、李某研。2015 年 9 月 27 日李某因交通事故死亡。2022 年 2 月 18 日,刘某某改嫁他处,与其后夫另行生活。李某去世之后李某博、李某研一直由其祖父母李某某、高某某照料、抚养,与李某某、高某某共同生活。

2022 年 11 月 25 日,申请人住所地的基层组织乐陵市铁营镇某某村委会出具指定监护人函件,指定其村民李某某、高某某为李某博、李某研的监护人。对此,被申请人刘某某表示同意。

**【澍泽代理】**

李某因交通事故去世时李某博、李某研不到2岁,其母刘某某因工作原因无法照料两名幼儿,因此李某博、李某研一直跟随祖父母生活,由祖父母照顾和抚养。2022年2月刘某某与他人组建家庭并生育子女,而李某博、李某研没有跟随刘某某一起生活,仍由祖父母抚养。由于刘某某是李某博、李某研的法定监护人,在孩子的学习生活教育等各方面均需要监护人进行监护,而刘某某不能对李某博、李某研尽到监护职责,为了保障李某博、李某研的教育、保护,维持现有稳定的生活状况,为此,李某某、高某某决定向法院提出变更监护人的申请,并委托澍泽律师作为本案特别程序的代理人。接受委托后,澍泽律师在全面了解掌握案件事实的情况下,于2022年11月16日向法院提出申请,请求变更李某某、高某某为李某博、李某研的监护人。

在庭审过程中,澍泽律师向山东省乐陵市人民法院提出如下代理意见:

1. 李某博、李某研自2015年起一直跟随李某某、高某某生活,由李某某、高某某抚养照顾。从保障孩子稳定的生活环境角度考虑,由李某某、高某某作为孩子的监护人更有利于孩子的成长。李某某、高某某有固定的经济收入,身体健康,没有其他孙子女需要照顾,有经济能力和时间照顾孩子。李某某、高某某在天津市有房产,天津市作为直辖市,具备优良的教育资源,有利于孩子的教育。因此,由李某某、高某某担任监护人有利于两个孩子的健康成长及教育。

2. 刘某某已与他人组建新的家庭并且生育子女,经济能力有限,无法担负起监护两个孩子的责任,同意由李某某、高某某担任两个孩子的监护人。

3. 村委会出具指定监护人函件,指定李某某、高某某为李某博、李某研的监护人。

**【审理情况】**

山东省乐陵市人民法院，李某博、李某研均出生于2013年11月14日，至今不满10周岁，应属未成年人，为限制民事行为能力人，根据《民法典》第26条第1款的规定，父母对未成年子女负有抚养、教育和保护的义务。本案中，李某博、李某研的父亲李某因交通事故死亡，其抚养义务全部转移至其母刘某某，刘某某改嫁他处，因其新家庭的原因，无法携带李某博、李某研与其共同生活。而李某博、李某研随其祖父母共同生活，由其祖父母对其进行抚养、保障教育、保护，并无不当，符合《民法典》第27条规定。对申请人李某某、高某某申请变更其为李某博、李某研的监护人的请求，法院依法予以支持。依照《民事诉讼法》第185条的规定，判决李某博、李某研的监护人变更为李某某、高某某。

**【办案心得】**

本案属于变更监护人的典型案例。本案焦点问题是父母一方死亡，爷爷奶奶能否成为孙子的监护人。根据我国《民法典》第27条的规定，父母双方死亡或者没有监护能力的，爷爷奶奶可以成为孙子的监护人。但对于父母一方死亡，另一方健在且具有监护能力，爷爷奶奶能否成为孙子的监护人，目前司法实践中尚未形成统一意见。与本案类似的案件出现同案不同判的结果，判决驳回变更监护权请求和支持变更监护权请求的生效判决均有。判决驳回变更监护权申请的法院判决认为：未成年人的父母是未成年人的监护人。未成年人的父母已经死亡或者没有监护能力的，才可由祖父母等有监护能力的人或相关机构担任监护人。祖父母虽承担了较多的抚养、照看责任，是基于孩子的父亲在世时对孩子应承担的监护职责及对孩子的特别关爱所系。作为孩子的母亲，在孩子的父亲去世后，其作为孩子的唯一法定监护人，应承担法律规定的监护职责，其依法履行监护的权利，亦受法律保护。判决支持变更监护权的法院判决认为：孩子长期随祖父母生活，有祖父母照顾抚养，且根据村委会出具的证明孩子的母亲没有尽到监护义务，为了保障孩子的教育成长、生活，从保护未成年人的健康成长的原则出发准予变更监护人。

为更好地论证变更监护权更有利于被监护人的合法权益，澍泽律师除提出上述代理意见外，还提交了类案供承办法官参考。最后代理意见获得承办法官支持。

**【启示与提醒】**

根据我国法律规定，监护权和抚养权是两种独立的权利。监护是指对无完全民事行为能力的未成年人和成年人的人身、财产及其他合法权益进行监督和保护的一种民事法律制度。监护人的职责包括保护被监护人的身体健康、照顾被监护人的生活、管理和保护被监护人的财产、对被监护人进行教育和代理被监护人进行民事诉讼等。抚养是指父母从物质上、经济上对子女的养育和照料，如负担子女的生活费、教育费，在生活上照管子女等。父母的抚养义务，对未成年子女来说是无条件的，不得任意推卸责任。父母不履行抚养教育义务时，未成年子女有要求父母付给抚养费的权利。因此，虽然本案法院撤销刘某某的监护资格，但不等于免除其对两个孩子的抚养义务，刘某某应继续负担履行相应的抚养义务。

**【法条链接】**

**《民法典》**

**第二十六条**　父母对未成年子女负有抚养、教育和保护的义务。

成年子女对父母负有赡养、扶助和保护的义务。

**第二十七条**　父母是未成年子女的监护人。

未成年人的父母已经死亡或者没有监护能力的，由下列有监护能力的人按顺序担任监护人：

（一）祖父母、外祖父母；

（二）兄、姐；

(三)其他愿意担任监护人的个人或者组织,但是须经未成年人住所地的居民委员会、村民委员会或者民政部门同意。

**第二十八条** 无民事行为能力或者限制民事行为能力的成年人,由下列有监护能力的人按顺序担任监护人:

(一)配偶;

(二)父母、子女;

(三)其他近亲属;

(四)其他愿意担任监护人的个人或者组织,但是须经被监护人住所地的居民委员会、村民委员会或者民政部门同意。

**第三十四条** 监护人的职责是代理被监护人实施民事法律行为,保护被监护人的人身权利、财产权利以及其他合法权益等。

监护人依法履行监护职责产生的权利,受法律保护。

监护人不履行监护职责或者侵害被监护人合法权益的,应当承担法律责任。

因发生突发事件等紧急情况,监护人暂时无法履行监护职责,被监护人的生活处于无人照料状态的,被监护人住所地的居民委员会、村民委员会或者民政部门应当为被监护人安排必要的临时生活照料措施。

**第三十六条** 监护人有下列情形之一的,人民法院根据有关个人或者组织的申请,撤销其监护人资格,安排必要的临时监护措施,并按照最有利于被监护人的原则依法指定监护人:

(一)实施严重损害被监护人身心健康的行为;

(二)怠于履行监护职责,或者无法履行监护职责且拒绝将监护职责部分或者全部委托给他人,导致被监护人处于危困状态;

(三)实施严重侵害被监护人合法权益的其他行为。

本条规定的有关个人、组织包括:其他依法具有监护资格的人,居民委员会、村民委员会、学校、医疗机构、妇女联合会、残疾人联合会、未成年人保护组织、依法设立的老年人组织、民政部门等。

前款规定的个人和民政部门以外的组织未及时向人民法院申请撤

销监护人资格的,民政部门应当向人民法院申请。

**第三十七条**　依法负担被监护人抚养费、赡养费、扶养费的父母、子女、配偶等,被人民法院撤销监护人资格后,应当继续履行负担的义务。

**第一千零七十四条**　有负担能力的祖父母、外祖父母,对于父母已经死亡或者父母无力抚养的未成年孙子女、外孙子女,有抚养的义务。

有负担能力的孙子女、外孙子女,对于子女已经死亡或者子女无力赡养的祖父母、外祖父母,有赡养的义务。

**第一千一百零八条**　配偶一方死亡,另一方送养未成年子女的,死亡一方的父母有优先抚养的权利。

## 八、丈夫通过遗嘱将夫妻共有房屋留给儿子，妻子可主张房屋一半的份额，但不得主张归还房产证

——冯某某与关某某、兰某某法定继承纠纷案

**【基本案情】**

案由：法定继承纠纷

原告：冯某某

被告：关某某

代理人：天津澍泽律师事务所

被告：兰某某

代理人：天津澍泽律师事务所

冯某某与兰某蔚是夫妻关系，婚后生育了兰某1、兰某2两子和兰某3一女，儿女均已成年。2013年7月兰某蔚因病去世。冯某某在起诉状中声称，关某某（兰某1之妻）将大港油田A小区×××号房屋的产权证拿走，自己索要未果。2019年11月兰某1也因病去世。兰某1去世后，关某某称兰某蔚留有遗嘱一份、兰某1留下遗嘱两份。兰某蔚的遗嘱，明确将大港油田A小区×××号房屋明确由兰某1继承；兰某1的遗嘱，明确兰某1继承上述房屋的继承权由其子兰某某继承。

冯某某认为,大港油田A小区×××号房屋是冯某某和兰某蔚的夫妻共同财产,即便有遗嘱也不能处分冯某某的财产(房屋一半份额);此外,兰某1去世后,冯某某作为继承人,有权继承其遗产,冯某某应继承上述房屋大部分份额。冯某某自称兰某蔚其他遗产有:兰某1购买大港油田港西新城的房屋时,从兰某蔚处借款200,000元,属于兰某蔚的债权;还有兰某蔚的部分存款等。冯某某认为,上述属于兰某蔚、兰某1的遗产,应予以分割继承。

**【澍泽代理】**

2020年7月28日,冯某某将关某某、兰某某诉至法院,请求:(1)依法分割继承兰某蔚、兰某1的遗产:大港油田A小区×××号房屋、存款不明及200,000元债权;(2)关某某返还冯某某大港油田A小区×××号房屋的产权证;(3)本案诉讼费由关某某、兰某某承担。为此,关某某委托澍泽律师作为本案的代理律师。

接受委托后,澍泽律师研究案件材料,提出如下答辩意见:

1.关于本案基本事实。

冯某某与被继承人兰某蔚系原配夫妻,共生育子女三人,长子兰某1、长女兰某3、次子兰某2。兰某蔚于2013年7月13日去世,先于长子兰某1去世,生前于2003年4月15日立有遗嘱,载明:去世后其名下大港油田A小区×××房产由长子兰某1继承。关某某与被继承人兰某1系原配夫妻,共生育子女一人,即兰某某。兰某1出生于1962年3月20日,于2019年11月15日因病去世,生前于2019年10月4日立有遗嘱,载明:(1)其名下所有银行储蓄由兰某某继承;(2)除去住院费用、丧事费用,剩余的工资金额包括所报销的医药费、丧事费用由兰某某继承;(3)由其继承兰某蔚大港油田A小区×××房产的继承权转由兰某某继承;(4)其名下大港油田B小区×××房产由兰某某继承;(5)其与关某某居住的大港油田A小区另一×××房产,由兰某某继承,由兰某某和关某某共同居住使用;(6)养老金、住房公积金、企业年金由关某某领取办理、保管、支配和使用。

2. 被继承人兰某蔚名下大港油田 A 小区 ××× 房产的 50% 份额应由兰某某继承所有。

被继承人兰某蔚名下大港油田 A 小区 ××× 房产，属于兰某蔚和冯某某夫妻共同财产，冯某某与兰某蔚各占 50% 的份额，××× 房产 50% 的份额应属于兰某蔚的遗产。根据兰某蔚遗嘱规定，在其去世后 ××× 房产 50% 的份额应由兰某 1 继承。

根据原《最高人民法院关于贯彻执行〈中华人民共和国继承法〉若干问题的意见》第 52 条的规定，继承开始后，继承人没有表示放弃继承，并于遗产分割前死亡的，其继承遗产的权利转移给他的合法继承人。本案中，根据上述规定以及兰某 1 的遗嘱内容可知，在兰某 1 没有表示放弃继承的情况下，其所继承 ××× 房产 50% 的份额应由兰某某继承所有。

3. 对冯某某所述部分内容歪曲事实无法认同。

被继承人兰某蔚临终前两次住院期间，均由长子兰某 1 和关某某全程照顾。长子兰某 1 和关某某作为儿子和儿媳，平时亦对兰某蔚多有照顾，尽到了主要的赡养义务，兰某蔚生前对冯某某打麻将赌博的习惯非常不满，担心大港油田 A 小区 ××× 房产被其出售，故亲手将房产证交到长子兰某 1 手中保管。根本不存在关某某拿走房产证的事实，更没说过该房产与冯某某无关。冯某某主张归还房产证与继承无关。

综上，本案在划分夫妻共同财产后，应当按照遗嘱继承分割遗产。为了维护被告应有的合法权益，恳请法庭在查明事实的基础上，依法审理，公正裁决。

**【审理情况】**

天津市滨海新区人民法院审理认为，依据冯某某和被告的陈述和提交的有关证据，可以确定冯某某和兰某蔚是夫妻，兰某蔚因病去世，生前留有遗嘱，明确大港油田A小区×××号房屋由其子兰某1继承；兰某1是冯某某和兰某蔚的长子，后兰某1也去世，并留有遗嘱，将其继承上述房屋的继承权明确由其子兰某某继承。冯某某对上述遗嘱有异议，提出进行鉴定，被告不予同意，冯某某没有提交鉴定需要的检材，鉴定无法进行。由此，法院确定兰某蔚和兰某1留下遗嘱是真实的，本案对上述房屋的继承应按遗嘱继承处理。

关于遗嘱的效力。兰某蔚的遗嘱，明确大港油田A小区×××号房屋由其子兰某1继承，因该房屋是冯某某和兰某蔚的夫妻共同财产，冯某某和兰某蔚各占一半的份额，兰某蔚无权处分冯某某所占房屋的份额，故该部分处分应为无效，兰某蔚对自己所占房屋份额的处分，应具有法律效力。由此，兰某1应继承上述房屋一半的房屋份额。兰某1的遗嘱，确定其继承上述房屋的继承权由其子兰某某继承，应具有效力，由兰某某继承兰某1对上述房屋的继承权。

关于关某某的继承权问题。对于本案房屋的继承是按遗嘱继承处理，关某某和兰某1是夫妻，兰某某是双方的独生子女，兰某1去世后留有遗嘱，明确其继承大港油田A小区×××号房屋的继承权，由其子兰某某继承，故关某某对上述房屋不享有继承权。关某某辩称其对该房屋拥有继承权的理由和法律依据不当，法院不予采信。

综上，大港油田A小区×××号房屋，50%的房屋份额归属冯某某，由兰某1按遗嘱继承该房屋另一半即50%的房屋份额。因兰某1在继承开始后，遗产分割前去世，其留有遗嘱，故兰某1继承上述房屋的份额由其子兰某某继承，关某某对该房屋不享有继承权。

关于冯某某主张的兰某蔚债权200,000元(兰某1从兰某蔚处借款)，被告不予认可，冯某某对此也没有相关的证据予以证明，冯某某的该部分诉讼主张，证据不足，法院不予支持。

冯某某主张的返还涉案房屋的产权证一事，与本案不是同一法律关系，可另行主张权利。

综上，依照原《继承法》第16条、《民事诉讼法》第64条第1款的规定，判决如下：

1. 大港油田A小区×××号房屋，其中50%的房屋份额归冯某某所有，由兰某某按遗嘱继承房屋另一半即50%的房屋份额。

2. 驳回冯某某的其他诉讼请求。

3. 案件受理费5800元，由冯某某承担3800元，关某某、兰某某负担2000元。

**【办案心得】**

本案涉及的是遗嘱继承及转继承问题。在接受委托后，我们发现本案事实相对比较清楚，被继承人法律意识较强，生前立有遗嘱，妥善地安排了死亡后遗产的分配与处理，有效地解决了遗产问题。有效还原案件事实及组织证据材料，充分维护己方当事人的合法权益，正是我们律师的职责所在。

随着社会主义法治建设进程的加快，人们的法律意识越来越强，越来越多的人开始重视遗嘱。人们通过订立遗嘱的方式，针对价值较高、容易产生争议的财产，提前做出安排与规划，既可以有效解决死亡后不必要的纷争，又可以最大限度了却生前的遗愿。

实务中，遗嘱的重要性主要体现在以下几个方面：(1)可以尽量按照立遗嘱人生前的意愿来分配其财产；(2)可以明确立遗嘱人遗产的范围；(3)可以为继承人省去很多程序上的麻烦；(4)可以有效地避免亲属间不必要的纷争；(5)通过遗嘱中明确"该遗产仅由继承人个人继承，与配偶无关"，可以有效地防范子女的婚姻风险。

**【启示与提醒】**

遗嘱人订立遗嘱的方式有自书遗嘱、代书遗嘱、口头遗嘱、录音录像遗嘱、打印遗嘱、公证遗嘱等。

公证遗嘱是依公证方式而设立的遗嘱，是证据力较强的一种遗嘱形式。办理公证遗嘱须由遗嘱人亲自到公证机关口述或书写遗嘱，公证人员要对遗嘱的真实性、合法性进行认真审查,在确认其有效性后,由公证员出具《遗嘱公证书》。经公证的遗嘱由公证员和遗嘱人签名并加盖公证机关公章,制成一式两份,分别由公证机关和遗嘱人保存。

相对于其他遗嘱而言,公证遗嘱内容不会被篡改和伪造,有利于保证遗嘱效力的实现,保护遗嘱人和遗嘱受益人的合法权益,防止发生遗嘱继承纠纷。如本案中冯某某对丈夫兰某蔚是否立遗嘱有异议,并提出进行鉴定。如果兰某蔚在生前立的是公证遗嘱,就不存在这个争议。

需要注意的是,根据《民法典》的新规定,公证遗嘱不再具有高于其他遗嘱的效力。立有数份遗嘱,内容相抵触的,以最后的遗嘱为准。此外,本案法律事实发生于《民法典》实施之前,故法院系依据当时的有关法律规定,依法作出的裁判。

**【法条链接】**

**《民法典》**

**第一千零六十二条**　夫妻在婚姻关系存续期间所得的下列财产,为夫妻的共同财产,归夫妻共同所有:

(一)工资、奖金、劳务报酬;

(二)生产、经营、投资的收益;

(三)知识产权的收益;

(四)继承或赠与所得的财产,但本法第一千零六十三条第三项规定的除外;

(五)其他应当归共同所有的财产。

夫妻对共同所有的财产,有平等的处理权。

**第一千一百三十三条**　自然人可以依照本法规定立遗嘱处分个人财产,并可以指定遗嘱执行人。

自然人可以立遗嘱将个人财产指定由法定继承人的一人或者数人继承。

自然人可以立遗嘱将个人财产赠给国家、集体或者法定继承人以外的组织、个人。

**第一千一百三十九条** 公证遗嘱由遗嘱人经公证机构办理。

**第一千一百四十二条** 遗嘱人可以撤回、变更自己所立的遗嘱。

立遗嘱后，遗嘱人实施与遗嘱内容相反的民事法律行为的，视为对遗嘱相关内容的撤回。

立有数份遗嘱，内容相抵触的，以最后的遗嘱为准。

**《民事诉讼法》**

**第六十七条** 当事人对自己提出的主张，有责任提供证据。

当事人及其诉讼代理人因客观原因不能自行收集的证据，或者人民法院认为审理案件需要的证据，人民法院应当调查收集。

人民法院应当按照法定程序，全面地、客观地审查核实证据。

## 九、合同名称虽然为代理合同，但符合买卖合同的特征，应认定为买卖合同关系

——天津某汽车销售有限公司与天津某国际贸易有限公司、宋某某买卖合同纠纷案

**【基本案情】**

案由：买卖合同纠纷

原告：天津某汽车销售有限公司（以下简称汽车销售公司）

代理人：天津澍泽律师事务所

被告：天津某国际贸易有限公司（以下简称国际贸易公司）

被告：宋某某

2019年6月4日，汽车销售公司作为乙方、国际贸易公司作为甲方，双方签订了《代理购车合同》，约定：乙方向甲方购买19款途乐XE汽车，白黑色，单价410,000元，总金额820,000元，提车日期为2019年6月4日，车架尾号为183×××、182×××。乙方签订合同后交付全款，甲方收到车辆全款后放车，保证所供车辆为原装进口，并提供国家正规合法手续（进口证明、商检单、发票、一致性认证书），及时交予乙方。合同指定案外人衣某鸥名下建设银行延边延吉市支行账户为收款账户。另外，合同还约定了验收方式、违约责任、争议解决等条款。

2019年6月4日合同签订当日，汽车销售公司通过公司法定代表人

杜某某向国际贸易公司指定账户汇款820,000元，并接收了案涉的两台车辆。2019年7月3日，国际贸易公司以向案外人赎回涉案车辆手续为由，向汽车销售公司索要50,000元，并答应退还。无奈之下，汽车销售公司当日指示杜某某通过其账户向国际贸易公司指定的衣某鸥账户转账支付50,000元。衣某鸥确认收到款项，并声明：为解决客户上牌问题，经本人与杜某某友好协商，由双方各承担人民币50,000元作为赎车手续费用，先把以上两台车的正规纸质手续替大庆某汽车有限公司从浙江义乌鑫某盛（成某红）手中赎回。赎回后，再从大庆某汽车有限公司追回此两台车辆赎回手续款项，追回后第一时间归于杜某某。7月3日当日汽车销售公司收到上述车辆的相关手续。

2020年4月20日，衣某鸥向天津市滨海新区人民法院提起诉讼，要求大庆某汽车有限公司支付包括车架尾号为183×××、182×××在内共计六台平行进口车车辆手续的赎回费用500,000元，滨海新区人民法院于2020年10月10日作出（2020）津0116民初××××号民事判决，判令大庆某汽车有限公司判决生效后5日内向衣某鸥支付补偿金500,000元。

国际贸易公司为自然人独资的有限责任公司，宋某某是该公司唯一的股东。

**【澍泽代理】**

汽车销售公司多次要求国际贸易公司退还50,000元款项，但国际贸易公司拒不退还。为此，汽车销售公司决定诉至法院，并委托澍泽律师作为本案诉讼的代理人。

接受委托后，经过分析研究，澍泽律师提出如下观点：

1. 汽车销售公司已经履行了支付全部购车款的义务，根据《代理购车合同》第2条的约定，国际贸易公司于收到车辆全款后放车，并保证所供车辆为原装进口，并提供国家正规合法手续，将进口证明、商检单、发票、一致性认证书，及时交予汽车销售公司。上述车辆手续是上牌的必备资料,交付上述车辆手续系国际贸易公司法定义务。

2. 汽车销售公司迫不得已答应“由双方各承担5万元作为赎手续费用”,但当时涉案车辆已经转售给案外人实属无奈,并非原告真实意思表示,且赎回车辆手续亦是为了实现双方的合同目的,国际贸易公司理应退还。

3. 根据《公司法》第63条的规定,宋某某作为国际贸易公司唯一自然人股东,存在与公司财产混同的事实,其不能证明公司财产独立于其自己的财产,因此宋某某应当对国际贸易公司的债务承担连带责任。

汽车销售公司对澍泽律师的上述观点表示认可。为此,澍泽律师于2021年7月20日代理汽车销售公司向天津自由贸易试验区人民法院提起诉讼,诉请:(1)判令国际贸易公司退还汽车销售公司款项50,000元及赔偿汽车销售公司自2019年8月20日起至实际给付之日止的利息损失(以50,000元为基数,按照全国银行间同业拆借中心公布的贷款市场利率计算,暂计算至2021年7月20日止利息为3743元);(2)判令宋某某对国际贸易公司的上述债务承担连带责任;(3)本案的诉讼费用由国际贸易公司、宋某某承担。

**【审理情况】**

国际贸易公司辩称,不同意汽车销售公司诉讼请求,汽车销售公司与国际贸易公司为委托关系,国际贸易公司受汽车销售公司委托,向案外人衣某鸥购买汽车,买卖合同主体为汽车销售公司与衣某鸥,因代理合同签订得比较仓促,使用了买卖合同的模板,车辆及手续完成交付后,代理购车行为已完成。汽车销售公司另行向衣某鸥转款50,000元的行为,与国际贸易公司代理行为无关,公司股东宋某某也无须承担连带责任。

宋某某答辩意见同国际贸易公司。

天津自由贸易试验区人民法院审理认为,汽车销售公司与国际贸易公司签订的合同名称虽为《代理购车合同》,但合同约定了车辆的型号、颜色、价格、交付时间、交货条件、验收方式及违约责任等条款，完全符合买卖合同的特征，双方应为买卖合同关系，国际贸易公司抗辩与汽车销售公司为委托代理关系，但未能提交足够证据加以证实，法院不予采纳。国际贸易公司作为出卖人，应在交车同时一并交付相关单证手续，汽车销售公司为取得车辆手续，同意先行垫付 50,000 元，用于向案外人赎回车辆手续，亦是为实现汽车销售公司与国际贸易公司的合同目的，交易完成后国际贸易公司理应及时退还。国际贸易公司虽抗辩衣某鸥非公司员工亦无公司授权，汽车销售公司向其转款 50,000 元与国际贸易公司无关，但国际贸易公司自述双方交易是通过衣某鸥进行联系，合同是通过衣某鸥签订，合同指定收款人亦是衣某鸥，足以认定衣某鸥为有权代理，故汽车销售公司主张国际贸易公司退还 50,000 元，应予支持。汽车销售公司同意先行垫付 50,000 元，但双方对退还时间约定不明确，汽车销售公司主张利息损失于法无据，不予支持。国际贸易公司为自然人独资有限责任公司，国际贸易公司宋某某为公司唯一股东，且无证据证明公司财产独立于股东自己的财产，故汽车销售公司请求宋某某承担连带责任的诉讼请求，法院予以支持。

综上，依据《最高人民法院关于适用〈中华人民共和国民法典〉时间效力的若干规定》第 1 条第 2 款，原《合同法》第 107 条、第 135 条、第 136 条，《公司法》第 63 条，《民事诉讼法》第 64 条之规定，判决如下：

1. 国际贸易公司于本判决发生法律效力之日起 10 日内退还汽车销售公司 50,000 元；

2. 宋某某对上述债务承担连带清偿责任；

3. 驳回汽车销售公司的其他诉讼请求。

案件受理费 572 元由国际贸易公司、宋某某负担。

**【办案心得】**

本案看似是一起简单的汽车买卖合同纠纷案件，但因标的物是平行进口车，卖方涉及本家（车辆的实际持有者）和拼缝（销售别家的车辆，并从中赚取差价的公司或者个人)两种销售者。本案的本家是衣某鸥,拼缝是国际贸易公司。澍泽律师在接受委托后,迅速对本案纷繁复杂的事实背景和法律关系进行了分析,指出本案的焦点问题是汽车销售公司与国际贸易公司之间交易属于买卖合同关系还是委托代理关系。如果属于委托代理关系,汽车销售公司的诉求不能获得法院支持;如果属于买卖合同关系,汽车销售公司的诉求可获得法院支持。基于以上分析,澍泽律师根据合同相对性原则,在整个诉讼过程中核心是围绕双方之间的交易属于买卖合同关系进行系统性、逻辑性的多角度论证,最后代理意见获得承办法官的支持,圆满地实现了委托人的诉讼目标。

通过办理本案,我们得知对于复杂案件的把握应当从最基本的法律关系、诉讼原则出发。本案法院之所最终接受我方的观点,将本案定性为买卖合同关系而不是委托代理关系,正是基于认清了本案的法律关系和当事人的诉讼请求而作出的。因此,作为一名律师,在办理案件过程中,我们所要做的就是扎实自身的理论基础,厘清案件的法律关系,通过严谨的逻辑思路和可靠的证据事实,来为当事人争取一个公正、合法的判决结果。

**【启示与提醒】**

1. 因为销售渠道的不同,平行进口车的销售者身份并不像中规车那样单一而明确,在平行进口车市,一般存在本家(车辆的实际持有者)和拼缝两种销售者。拼缝,是指销售别家的车辆,并从中赚取差价的行为。这种行为在中规车中比较少见,拼缝的存在,提高了商品车销售的速度和效率,但也是汽车销售市场“水浑”而且“水很深”的主要原因。因为拼缝并不拥有该车辆,他拥有的是该车辆的信息,实际上赚取的是信息费,也称“缝钱”。对于消费者而言,拼缝实际扮演的是代购角色,提供某种意义的代购服务。本家,是车辆的实际持有人。同一辆车,不仅本家在卖,市面上往往还有众多拼缝都在卖这辆车,其中部分拼缝是受本家委托代卖。现实生活中,消费者从本家购车比从拼缝购车靠谱。因此，为降低购买平行进口车的风险，建议优先找本家购买。

2. 平行进口车的上牌手续较为复杂，建议买方在合同中明确约定：卖方负责提供包括不限于货物进口证明书、进口机动车随车检验单、轻型汽油车环保信息随车清单、车辆一致性证书、机动车销售统一发票等全套车辆手续，卖方应在交付车辆的同时提供上述车辆手续以及逾期提供的违约责任，若发生车辆手续赎回费等其他费用的，均由卖方承担。

3. 一人有限责任公司，是指只有一个自然人股东或者一个法人股东的有限责任公司。为保护公司债权人的利益，我国《公司法》第 63 条规定，一人有限责任公司的股东不能证明公司财产独立于股东自己的财产的，应当对公司债务承担连带责任。由此可见，《公司法》规定一人公司股东举证责任倒置，由其证明公司财产独立于股东财产。如股东不能证明公司财产独立于股东财产的，该股东应当对公司债务承担连带责任。因此，为避免为公司债务承担连带责任，一人公司的股东在日常经营中应当做好以下工作：

(1)一人公司与股东之间尽可能少发生资金往来，如确需发生，应当签好借款协议，做好财务记载，并及时归还。

(2)每一会计年度终了聘请会计师事务所对财务会计报表审计，并确保出具无保留意见的审计报告。

(3)避免代付费用，尽量做到合同流、发票流、业务流、资金流一致。

(4)如一人公司股东系法人的，设置一人公司和股东设置独立的财务部门，人员不混同，账册分别记录收入、费用。

**【法条链接】**

**《最高人民法院关于适用〈中华人民共和国民法典〉时间效力的若干规定》**

**第一条** 民法典施行后的法律事实引起的民事纠纷案件，适用民法典的规定。

民法典施行前的法律事实引起的民事纠纷案件，适用当时的法律、司法解释的规定,但是法律、司法解释另有规定的除外。

民法典施行前的法律事实持续至民法典施行后,该法律事实引起的民事纠纷案件,适用民法典的规定,但是法律、司法解释另有规定的除外。

**《民法典》**

**第五百七十七条**　当事人一方不履行合同义务或者履行合同义务不符合约定的,应当承担继续履行、采取补救措施或者赔偿损失等违约责任。

**第五百九十八条**　出卖人应当履行向买受人交付标的物或者交付提取标的物的单证,并转移标的物所有权的义务。

**第五百九十九条**　出卖人应当按照约定或者交易习惯向买受人交付提取标的物单证以外的有关单证和资料。

**《公司法》**

**第六十三条**　一人有限责任公司的股东不能证明公司财产独立于股东自己的财产的,应当对公司债务承担连带责任。

# 十、合同在法律上履行不能，主张继续履行合同的诉求被驳回

## ——山西某汽车销售服务有限公司与天津某汽车贸易有限公司买卖合同纠纷案

**【基本案情】**

案由：买卖合同纠纷

申请人：山西某汽车销售服务有限公司（以下简称山西汽车销售公司）

被申请人：天津某汽车贸易有限公司（以下简称天津汽车贸易公司）

代理人：天津澍泽律师事务所

山西汽车销售公司（乙方）与天津汽车贸易公司（甲方）于2021年3月9日签订《汽车代理协议》一份，约定，山西汽车销售公司向天津汽车贸易公司购买20款加版塞纳四驱LTD车辆一台，车价总金额人民币60.6万元，山西汽车销售公司须在签订合同当日将车辆订金15万元付给天津汽车贸易公司，提车前将车款45.6万元一次性付到天津汽车贸易公司账户。交车时间：2021年6月30日前（早放行早交车，早放行情况下，3日内必须提车，如违约，订金不退；由于政策原因等不可抗力无法交车，甲方订金退还乙方或甲方乙方再次协商交车时间，价格另议）。

提车方式:客户自提。提车地点:天津港。合同还就其他条款等进行了相关约定。

该合同签订后,山西汽车销售公司通过第三人账户如期交付订金15万元于天津汽车贸易公司,其间,山西汽车销售公司多次电话问询交车情况。由于2021年6月30日前国家“国Ⅵ标准”政策原因,涉案车辆无法办理报关报检手续,于是天津汽车贸易公司通知山西汽车销售公司其无法于2021年6月30日前交车。交车期限届满后,天津汽车贸易公司通知山西汽车销售公司退还其订金,山西汽车销售公司拒不提供收款账户信息,亦未能按照合同约定与天津汽车贸易公司再次协商成价格及交车时间。2021年11月,涉案车辆完成报关报检手续且获得海关放行后,天津汽车贸易公司只得将涉案车辆另行出售且已交付上牌,涉案合同已经履行不能。

但是,山西汽车销售公司始终不相信天津汽车贸易公司的主张,坚持要求交付车辆,几经沟通未果。

**【澍泽代理】**

2021年8月1日,山西汽车销售公司向仲裁委员会天津分会提请仲裁,请求裁决由天津汽车贸易公司向山西汽车销售公司继续履行合同,交付合同标的物,即20款加版塞纳四驱LTD车辆一台。为此,天津汽车贸易公司委托澍泽律师作为本案的代理律师。

澍泽律师接受委托后,结合案情收集了相关证据,就本案事实和争议问题向仲裁委提出如下代理意见:

1.涉案车辆是特定物。

涉案车辆为“加版”平行进口汽车。所谓“加版”是“加拿大版本”的简称,即根据加拿大的交通法规生产出来的汽车,由拿到授权的加拿大代理商在加拿大销售,然后再由国内采购商通过平行进口的方式进口到中国,一般都是按照销售区域的国别或地区划分。

进口车的随车手续一般是四份,分别是《货物进口证明书》《进口机动车随车检验单》《车辆一致性证书》《环保信息随车清单》，分别简称关单、商检、一致性及环保清单，再加上购车发票，就算是手续齐全了。“手续齐”是进口车的一个重要卖点。本案中，由于涉案车辆销售时手续不齐全，属于期车而非现车，故双方签订合同前，山西汽车销售公司特意从山西赶到天津港，在实地查验涉案车辆且认可现状后，才签订的涉案合同，并将车架尾号写入合同中。这是进口车的行业交易习惯，山西汽车销售公司作为平行进口车车商，对此是明知且熟悉的。

如果山西汽车销售公司不现场验车，其是不会签订涉案合同并预付订金的。

因此，涉案车辆是山西汽车销售公司在实地查验后确认要购买的特定物，且交车期限届满后，山西汽车销售公司从未要求过天津汽车贸易公司交付其他车辆以代替涉案车辆。

2. 天津汽车贸易公司不存在违约行为。

根据天津汽车贸易公司提供的证据 7，即生态环境部、工业和信息化部、商务部、海关总署联合发布的《关于调整轻型汽车国六排放标准实施有关要求的公告》规定，轻型汽车国六排放标准过渡截止日期由 2020 年 7 月 1 日前调整为 2021 年 1 月 1 日前。由于国家国六标准政策以及海关不放行的原因，2021 年 1 月 1 日之后大量的进口车仍然滞留在天津港，等待天津海关放行，山西汽车销售公司作为平行进口车车商对此是明知的。因此，涉案合同特别约定“此车为国六车辆，2021 年 6 月 30 日前交车（早放行早交车，早放行情况下，3 日内必须提车，如违约，订金不退）。由于政策原因等不可抗力无法交车，甲方订金退还乙方或甲方、乙方再次协商交车时间（价格另议）”，该条款中“放行”即指海关放行，“政策原因”既包括合同签订前的国家国六标准政策原因，也包括合同签订后的天津海关放行政策原因。

由于国家国六标准政策原因，直至 2021 年 7 月底涉案车辆仍无法办理报关报检手续。涉案车辆所属批次的 200 余台车辆 3C 认证环保信息数据上传录号后，整体于 2021 年 7 月 14 日获得车辆环保信息公开，但是涉及单台车辆必须每台车辆上完环保检测且合格后,才能在环保网上查询到公开结果。具体到涉案车辆,于 2021 年 8 月 10 日进行线下环保检测,于 2021 年 10 月 28 日报关出税后等待放行。

涉案车辆由于政策原因无法于 2021 年 6 月 30 日前交车,故天津汽车贸易公司按照合同约定告知山西汽车销售公司退还其订金,由于山西汽车销售公司拒绝提供收款账户导致退还订金不能。故在合同履行中天津汽车贸易公司不存在违约行为。

3. 涉案合同在法律上履行不能。

天津汽车贸易公司提供的证据 9《万高汽车质量保修服务合同》,可以证明涉案车辆完成报关报检手续且获得海关放行后,已经另行出售给青岛某汽车销售服务有限公司,并最终由车主贾某君登记上牌,涉案合同在法律上已经履行不能。

综上,涉案车辆已经不具备履行条件,山西汽车销售公司的仲裁请求缺乏事实和法律依据,恳请贵委在查明事实的基础上,依法驳回山西汽车销售公司的全部仲裁请求。

**【仲裁情况】**

在仲裁过程中,山西汽车销售公司的代理律师坚持认为涉案合同可以继续履行,向仲裁委提出如下代理意见:

1. 天津汽车贸易公司不向山西汽车销售公司交付车辆、致使山西汽车销售公司无法实现合同目的的行为,系其单方的根本违约行为,应予承担相应的违约责任。

山西汽车销售公司与天津汽车贸易公司于 2021 年 3 月 9 日签订《汽车代理协议》,明确约定 2021 年 6 月 30 日前交车,在此日期无法交车,就是视为违约。同时,协议也并未约定 6 月 30 日前交不了车,就不再向山西汽车销售公司交车,而是仅约定“由于政策原因等不可抗力无法交车,甲方才存在订金退还乙方或甲方、乙方再次协商交车时间”的情形。而从本次庭审时天津汽车贸易公司提交的全部证据材料看,虽有些手续是发生于协议约定交车时间后，但尚没有证据能够证明天津汽车贸易公司不向山西汽车销售公司如期交付车辆，系因存在不可抗力或第7条所约定的出现“因政府非正常工作情况造成”的情形存在，也无法排除天津汽车贸易公司为哄抬价格、人为恶意不交车的可能性。且按其所述，在协议尚未终止或解除、尚未退还山西汽车销售公司订金，且未予山西汽车销售公司进一步协商沟通确定的情况下，单方擅自将涉案车辆再行处分的行为，属明显且恶意的重大违约行为，应予承担相应的违约责任与违约后果。

2. 天津汽车贸易公司延付涉案车辆的理由，不构成法定不可抗力情形，亦不符合约定“不可预见”因素，天津汽车贸易公司应承担继续履行合同的义务。

不可抗力是一项免责条款，是指买卖合同签订后，不是由于合同当事人的过失或疏忽，而是由于发生了合同当事人无法预见、无法预防、无法避免和无法控制的事件，以致不能履行或不能如期履行合同，发生不可抗力的一方可以免除履行合同的责任或者推迟履行合同的行为。在我国民法上是指“不能预见、不能避免和不能克服的客观情况”。《民法典》第590条规定，因不可抗力不能履行合同的，应当及时通知对方，以减轻可能给对方造成的损失，并应当在合理期限内提供证明。

可见，不可抗力成立的时间条件是“发生在签订合同以后”也即表明其突发性和不可预见性。而本案中，天津汽车贸易公司与山西汽车销售公司于2021年3月签订涉案合同，但天津汽车贸易公司提交证明政策原因系国家《关于调整轻型汽车国六排放标准实施有关要求的公告》是于2020年5月14日即已印发，也就是说在涉案协议签订前，该行业均已知情相关事实，且自2020年7月1日，全国范围就已实施轻型汽车国六排放标准，并非合同签订后而发生。可见，本案天津汽车贸易公司答辩政府政策原因不具有不可抗力关于“合同签订后”且“不可预见”的前提条件，其对风险已不属不可预见，如果按其所述，在已预知的情况下，明知与山西汽车销售公司确定不可能实现的履行时间而故意为之，坐地起价,最后发展为自称合法的所谓“正常履约”不能的免责事由,明显显失公平,且属于重大的民事欺诈行为。

同时,天津汽车贸易公司提交的材料中,均不能证明存在政府政策原因及“非正常工作情况”导致的汽车不能交付的合法理由,故天津汽车贸易公司应当依法承担其相应的违约责任,继续履行交付车辆的义务。

3. 涉案车辆非特定物,天津汽车贸易公司应履行向山西汽车销售公司继续履行合同的义务,应交付同型号汽车一辆。

我国《民法典》第577条规定,当事人一方不履行合同义务或者履行合同义务不符合约定的,应当承担继续履行、采取补救措施或者赔偿损失等违约责任。本案中,天津汽车贸易公司所有证据未能证明该合同履行过程中存在因政策原因等不可抗力导致的无法交车行为,也没有任何一个条款明确约定6月30日车辆无法交付时,本合同即行终止的约定。因此,该合同尚在履行中,天津汽车贸易公司就应当按照合同约定继续履行合同义务。而不适用协议不可抗力及免责事由的条款约定。

同时,天津汽车贸易公司答辩状中所述,涉案车辆是特定物的说法完全错误。民法上的特定物是指具有特有的特质,不能被其他物取代的物。本案虽然购车合同约定了山西汽车销售公司所购车辆的车架号,但汽车作为种类物,并非不可替代,且车架号码对山西汽车销售公司也不具有特殊意义,只要属同一品牌,同一颜色,仅车架号不同,不存在质量瑕疵,对山西汽车销售公司来说亦无任何影响,天津汽车贸易公司完全应当按照同一名称及型号、同一颜色、约定单价履行合同义务,而不是偷换概念,恶意逃避责任。

且从证据来看,天津汽车贸易公司声称涉案车辆已经出售,但能证明其出售的合同、发票等证据却尚未提供,明显存在拿编造虚假售卖的假象而恶意逃避继续不履行的嫌疑。该种情况下,如果仲裁庭认定其不具有可履行条件的话,势必在法律和道义上,会纵容了天津汽车贸易公司的恶意违约行为,破坏了良好的市场交易规则,同时,也会在行业中树立不良示范效应。

仲裁庭于2022年3月16日就本案作出裁决，仲裁庭意见如下：

1. 关于合同效力及天津汽车贸易公司是否存在违约行为。

仲裁庭经审理查明，山西汽车销售公司与天津汽车贸易公司于2021年3月9日签订了合同号为2021－0309－01的《汽车代理协议》，约定：山西汽车销售公司同意购买、天津汽车贸易公司同意出售商品20款加版塞纳四驱LTD一台，车架号：247582，交车日期：2021年6月30日之前交车。上述合同名称虽为“代理协议”，但庭审过程中双方均确认协议内容系汽车买卖，本案应属买卖合同纠纷。庭审过程中，对天津汽车贸易公司未能按照合同约定的期限即2021年6月30日前交付车辆这一事实，双方均予认可。

仲裁庭审理认为，山西汽车销售公司与天津汽车贸易公司所签订的《汽车代理协议》，系双方真实意思表示，不违反法律规定，对双方当事人均具有约束力。根据《民法典》第601条“出卖人应当按照约定的时间交付标的物。约定交付期限的，出卖人可以在该交付期限内的任何时间交付”的规定，天津汽车贸易公司未能在合同约定的交付期限内交付标的物，其行为已经构成违约。关于天津汽车贸易公司提出未能交付的原因系政策原因等不可抗力因素造成的抗辩，仲裁庭认为不能成立：首先，根据《汽车代理协议》第7条“非甲方所能控制的环境下，遇到不可抗力及不可预见因素，如因政府（海关、商检等）非正常工作情况造成甲方不能交货或延误交货甲方可免责任”的约定，天津汽车贸易公司主张据此免责，应就存在免责事由承担举证责任。天津汽车贸易公司提交的证据7《关于调整轻型汽车国六排放标准实施有关要求的公告》印发于2020年5月14日，早于涉案合同签订日期，天津汽车贸易公司在签订合同时应当预见到该公告对标的物交付期限的影响，其仍然做出于2021年6月30日之前交车的承诺，就应当按照合同约定履行，该公告并非天津汽车贸易公司签订合同后才遇到的不可抗力或不可预见因素，免责事由不能成立。此外，天津汽车贸易公司提交的证据3至证据5及证据8

仅能证明涉案汽车的报关报检单证系于《汽车代理协议》约定的交货期限之后才办理完毕,但不能证明未能及时办理的原因系“因政府(海关、商检等)非正常工作情况造成”,据此主张免责亦不能成立。天津汽车贸易公司未能举证证明存在合同约定的免责事由,应对未能在约定期限内交付标的物承担违约责任。

2. 关于山西汽车销售公司要求天津汽车贸易公司继续履行合同,交付标的物的仲裁请求。

仲裁庭经审理查明,山西汽车销售公司与天津汽车贸易公司签订的《汽车代理协议》注明了车架号:247×××;在天津汽车贸易公司提供的证据6两段录音中,山西汽车销售公司的经办人员也曾多次强调“车架号咱们确认过”“我也去仓库验过车”“我找你买的是这台车,车架号是多少,我不也已经告诉你了”。以上证据均表明涉案标的物系特定物,双方已事先就特定车辆进行了查验,并将车架号记入合同,如要求天津汽车贸易公司继续履行合同,则应当交付该特定车辆。但天津汽车贸易公司提交证据9主张涉案车辆已经另行出售交付上牌,山西汽车销售公司未能提出反驳证据,亦未能采取有效保全措施对车辆进行实际控制,山西汽车销售公司未能证明涉案标的物仍然具备交付条件。庭审过程中,山西汽车销售公司提出要求交付一辆同型号汽车的请求,系对合同履行内容的变更,双方未能就此达成合意。根据《民法典》第580条“当事人一方不履行非金钱债务或者履行非金钱债务不符合约定的,对方可以请求履行,但是有下列情形之一的除外:(一)法律上或者事实上不能履行……”的规定,在案涉标的物事实上不具备履行条件的情况下,山西汽车销售公司要求继续履行合同,缺乏事实和法律依据,仲裁庭不予支持。

但是,根据《民法典》第577条的规定:“当事人一方不履行合同义务或者履行合同义务不符合约定的,应当承担继续履行、采取补救措施或者赔偿损失等违约责任。”山西汽车销售公司要求继续履行合同的仲裁请求虽未得到支持,但不影响山西汽车销售公司要求天津汽车贸易公司以其他方式承担违约责任的权利。

关于本案的仲裁费用，虽然仲裁庭对山西汽车销售公司的仲裁请求未能予以支持，但考虑到本案纠纷系由天津汽车贸易公司的违约行为所引起，本案仲裁费用应由山西汽车销售公司与天津汽车贸易公司共同负担，承担比例以各自承担50%为宜。

综上，仲裁庭裁决如下：

1. 驳回山西汽车销售公司要求天津汽车贸易公司继续履行合同，交付合同标的物，即20款加版塞纳四驱LTD车辆一台的仲裁请求；

2. 本案仲裁费人民币28,200元，由山西汽车销售公司承担人民币14,100元，天津汽车贸易公司承担人民币14,100元。上述费用已由山西汽车销售公司全额预缴并冲抵，天津汽车贸易公司应向山西汽车销售公司支付人民币14,100元以偿付山西汽车销售公司为其垫付的仲裁费。

**【办案心得】**

本案涉及的是平行进口车买卖合同纠纷的问题。由于当时国家“国Ⅵ标准”政策以及海关不放行的原因，导致天津汽车贸易公司不能如期交付车辆，由此产生了纠纷。因此，客户在购买平行进口车时，应当对当时国家的相关政策有所了解及预判，并对合同相关条款进行有效及明确地约定，以避免不必要的纠纷。

本案中，山西汽车销售公司对当时的国家相关政策应当是有所了解及预判的，但不愿意接受客观情况，其仲裁请求是要求天津汽车贸易公司继续履行合同，交付合同标的物。因此本案的焦点问题是合同标的物——平行进口车属于种类物还是特定物。如果属于种类物，则山西汽车销售公司的诉求可获得仲裁委支持；如果属于特定物，则其诉求不能获得仲裁委支持。为此，澍泽律师主要围绕“平行进口车属于特定物”进行抗辩，庭审过程中，澍泽律师明确针对涉案车辆已经不具备履行条件进行逻辑性说理，最后代理意见获得仲裁庭支持，驳回了山西汽车销售公司的仲裁请求。

## 【启示与提醒】

1. 对于平行进口车的汽车销售商而言，如果在签订合同时已有法律或政策规定会对进口汽车放行有影响，建议对于不能如期交付车辆的情形进行明确的列举以及兜底约定，并明确约定具有可操作性的解决处理办法，否则会面临延期或无法交付汽车而承担违约责任的风险。

2. 不能履行的合同，是指债务人由于某种原因，法律上或事实上已不可能履行合同。履行不能使合同的目的客观上无法实现，因而导致债务消灭或转化为损害赔偿之债，债权人无法请求继续履行。现实生活中，由于种种原因可能会导致合同不能履行，如本案中天津汽车贸易公司已将合同约定的平行进口汽车(特定物)另行出售他人并交付上牌，由于该车物权已发生变动，在法律上属履行不能。

实务中，当遇到合同履行不能情况时，建议守约方先与对方协商变更合同，协商不成再向法院提起诉讼。在向法院起诉时，建议诉讼请求是:依法解除合同，并请求赔偿损失。否则，如果主张对方继续履行合同，极可能被法院驳回诉讼请求。需要说明的是，违约造成守约方的损失，损失赔偿额应当相当于因违约所造成的损失，包括合同履行后可以获得的利益;但是，不得超过违约一方订立合同时预见到或者应当预见到的因违约可能造成的损失。

## 【法条链接】

**《民法典》**

**第五百七十七条**　当事人一方不履行合同义务或者履行合同义务不符合约定的，应当承担继续履行、采取补救措施或者赔偿损失等违约责任。

**第五百八十条**　当事人一方不履行非金钱债务或者履行非金钱债务不符合约定的，对方可以请求履行，但是有下列情形之一的除外:

(一)法律上或者事实上不能履行;

（二）债务的标的不适于强制履行或者履行费用过高；

（三）债权人在合理期限内未请求履行。

有前款规定的除外情形之一，致使不能实现合同目的的，人民法院或者仲裁机构可以根据当事人的请求终止合同权利义务关系，但是不影响违约责任的承担。

**第五百八十四条** 当事人一方不履行合同义务或者履行合同义务不符合约定，造成对方损失的，损失赔偿额应当相当于因违约所造成的损失，包括合同履行后可以获得的利益；但是，不得超过违约一方订立合同时预见到或者应当预见到的因违约可能造成的损失。

**第五百九十条** 当事人一方因不可抗力不能履行合同的，根据不可抗力的影响，部分或者全部免除责任，但是法律另有规定的除外。因不可抗力不能履行合同的，应当及时通知对方，以减轻可能给对方造成的损失，并应当在合理期限内提供证明。

当事人迟延履行后发生不可抗力的，不免除其违约责任。

**第六百零一条** 出卖人应当按照约定的时间交付标的物。约定交付期限的，出卖人可以在该交付期限内的任何时间交付。

# 十一、租赁合同解除后，承租人不得以出租人未履行维修义务为由主张返还租金

——刘某某与天津市某酒店管理有限公司房屋租赁合同纠纷案

**【基本案情】**

案由：房屋租赁合同纠纷

原告：刘某某

被告：天津市某酒店管理有限公司（以下简称酒店管理公司）

代理人：天津澍泽律师事务所

2014年9月12日，酒店管理公司与天津市滨海新区某汽车装俱经营部（以下简称汽车装俱经营部，登记经营者为刘某某，2021年8月12日解散注销）签订《房屋租赁合同》，约定：酒店管理公司将其承租房屋的底商部分（500平方米）出租给汽车装俱经营部，租赁期限为5年，自2014年3月1日至2019年2月28日，租金为每年350,000元。租赁期间内，汽车装俱经营部多次违反合同约定分期支付租金。租赁期限届满后，酒店管理公司要求汽车装俱经营部腾还房屋，汽车装俱经营部拒绝，此后双方也未续签新的租赁合同，汽车装俱经营部继续使用该房屋。2021年3月20日，酒店管理公司与汽车装俱经营部签订《解除房屋租赁合同协议书》，约定，双方于2014年9月12日签订的《房屋租赁合同》于

2021年3月20日解除，汽车装俱经营部在2021年3月20日前将承租房屋腾退返还，酒店管理公司于2021年3月20日前将设施设备和货品转让费380,000元付至汽车装俱经营部指定账户，汽车装俱经营部应于2021年4月10日前注销完毕，双方关于租赁合同别无其他争议，互不追究责任。合同解除当日，酒店管理公司将380,000元付至刘某某账户。汽车装俱经营部也于当日腾还涉案房屋。

2021年12月28日，刘某某委托律师将酒店管理公司诉至法院，请求判令酒店管理公司返还刘某某2016年6月1日至2020年10月31日的部分租金538,500.6元。刘某某陈述，自2016年6月开始，涉案房屋出现漏雨、漏水现象，其多次向酒店管理公司反映，酒店管理公司未修缮，严重影响其经营并造成巨大损失。至2020年九十月，刘某某自行对涉案房屋进行维修后，房屋不再出现漏雨、漏水问题。在租赁期间内，出现漏雨、漏水问题部分的面积为180平方米。刘某某认为，酒店管理公司作为出租人，依法负有保证租赁房屋在租赁期限内符合约定用途的义务和及时妥善维修的义务。因此，刘某某以涉案房屋反复出现漏雨、漏水问题，且酒店管理公司未妥善维修并由此给其造成重大损失为由，主张返还酒店管理公司已收取的部分租金。

**【澍泽代理】**

酒店管理公司收到刘某某诉状后，认为不应退还租金，为此委托澍泽律师作为本案的代理律师。澍泽律师认真研究案件材料后，提出的主要答辩意见如下：

2014年9月12日，酒店管理公司与汽车装俱经营部签订《房屋租赁合同》，合同主要条款有：第二条约定，租金每年350,000元，2014年3月1日至2014年6月30日为免租期，第一年免租期满后，2014年12月1日前结清当年租金233,300元，此后每年3月1日前付清当年租金350,000元；第四条约定，刘某某不得随意损坏房屋现有设施，如需改变房屋的内部结构或设置对房屋结构影响的设备，需先征得酒店管理公司书面同意,费用由刘某某自理。

合同签订后,刘某某从一开始就不按照约定期限支付2014年租金,从2015年开始,刘某某严重违反合同约定,将当年度应当于3月1日前一次性付清的租金,分数次不定期地支付,且经酒店管理公司多次催款后才支付,严重影响了酒店管理公司租金的收取。

刘某某所陈述的案件事实与客观事实严重不符。本案的客观事实是,大约2017年,涉案房屋休息室西边墙面上曾经出现过局部阴湿的情况,但是并非工作区域,待墙面变干后,酒店管理公司立即进行了维修,未影响刘某某正常营业。大约2019年8月初,涉案房屋休息室房顶上方的集装箱拆除后,房顶连接处由于未来得及做防水处理,正好赶上下雨,确实出现了一次漏水,面积不足10平方米,同样未发生在工作区域。下雨停止前,酒店管理公司立即在房顶连接处上方进行遮挡,有效降低了漏水影响;下雨停止后,酒店管理公司立即采取了整体铺装油毡、涂刷防水涂料、粉刷墙壁等防水处理措施,且进行了妥善维修。此次事件未影响刘某某正常经营,亦未造成刘某某停止营业。刘某某以此为由拖延支付2019年8月房租27,000元,经过多次沟通后,最终双方达成一致意见,即酒店管理公司减少刘某某2019年8月房租10,000元作为对此次漏水事件的补偿。故刘某某于2019年9月5日实际支付了2019年8月房租17,000元。此后,涉案房屋未再发生过漏水事件。

2019年2月28日,租期届满后,由于刘某某始终不按照合同约定期限及时支付租金,造成酒店管理公司无法按时收取租金,酒店管理公司不想再将房屋继续出租给刘某某,要求其腾房且返还涉案房屋,但是刘某某霸占房屋、拒不腾房。无奈,酒店管理公司被迫让刘某某继续占有与使用。此后,刘某某仍然不按照合同约定期限及时支付租金,且拒不支付2020年11月1日至12月31日的租金54,000元。虽经多次催要,刘某某始终拒付。无奈,酒店管理公司坚决要求返还涉案房屋,但是刘某某始终既不腾房,也不支付租金,仍然与酒店管理公司无理纠缠,严重影响了酒店管理公司合同目的的实现。

经酒店管理公司多次要求刘某某返还涉案房屋后，刘某某于2021年3月17日以“家庭困难找不到工作”为由，以“即使法院强制执行也拒不腾房”为要挟，无理要求酒店管理公司必须给刘某某250,000元，否则绝不腾房。无奈，酒店管理公司同意了其无理要求。但是转天，刘某某反悔又提出了必须给380,000元的无理要求。为了尽快收回房屋，避免刘某某的无理纠缠，酒店管理公司迫于无奈最终同意给付其380,000元的高价转让费。

2021年3月20日，经过双方协商一致后，酒店管理公司与汽车装俱经营部签订了《解除房屋租赁合同协议书》。该协议第二条约定“拖欠甲方（酒店管理公司）2020年11月1日至2020年12月31日期间租金54,000元、2021年3月1日至2021年3月19日期间租金6500元、2021年3月1日至2021年3月19日期间电费约1500元均未付”。此外，该协议第五条约定“乙方（汽车装俱经营部）无权再向甲方（酒店管理公司）索要任何其他费用”、第九条约定“自此双方关于租赁合同别无其他争议，互不追究责任”。当日，酒店管理公司通过中国工商银行分别转账至刘某某账户内180,000元和200,000元。事后酒店管理公司得知，刘某某转让的设施设备、工具、货品价值也就110,000元左右，但是汽车装俱经营部尚有会员未消费金额高达230,000元左右，而会员费全部由刘某某占有，刘某某隐瞒了这一重要事实，构成欺诈，给酒店管理公司造成了重大损失。

综上，酒店管理公司认为，刘某某主张的所谓“严重漏水”“未及时妥善维修”“造成其重大损失”，严重与客观事实不符。刘某某的诉讼请求缺乏事实和法律依据，恳请法院在查明事实的基础上，依法驳回刘某某的全部诉讼请求。

**【审理情况】**

天津市滨海新区人民法院审理认为，根据酒店管理公司提交的租赁合同及解除协议，结合刘某某所起诉的主体，本案中针对案涉房屋形成租赁关系的双方应为汽车装俱经营部与酒店管理公司,双方之间的合同系双方真实意思表示,不存在导致合同无效或被撤销的法定情形,依法成立,合法有效。即便在双方签订的书面合同到期后未续签新的合同,汽车装俱经营部继续使用案涉房屋并交纳租赁费用已成既定事实,只是租赁期间变更为不定期租赁,故在双方签订解除协议时,其与酒店管理公司之间签订的书面合同继续有效,而汽车装俱经营部与酒店管理公司针对租赁合同所签订的解除协议,系双方真实意思表示,不存在导致合同自身或部分条款无效以及被撤销的法定情形,亦是合法有效的协议,对此法院予以确认。由于《解除房屋租赁合同协议书》中明确表示就租赁合同别无其他争议,即便在汽车装俱经营部被注销的情形下,作为该经营部经营者的刘某某亦应当受该协议的约束,现协议双方均履行完毕各自义务,刘某某以自身名义提出返还租金的主张缺乏证据支持,故对刘某某的主张,法院不予保护。

综上,依照《民事诉讼法》第 67 条、《最高人民法院关于适用〈中华人民共和国民事诉讼法〉的解释》第 90 条的规定,判决驳回刘某某的诉讼请求。

**【办案心得】**

本案涉及的是租赁合同解除后,承租人是否可以出租人未履行维修义务为由主张返还租金的问题。在接受委托后,澍泽律师发现本案事实不清,在双方当事人各执一词的情况下,如何说服法官,从而充分维护己方当事人的合法权益,正是律师的职责所在。

首先,我国民事诉讼举证一般实行"谁主张,谁举证"的原则,无论是原告还是被告,只要提出主张就要承担相应的举证责任;对没有证据或者证据不足以证明当事人的事实主张的,负有举证责任的当事人要承担不利后果。因此,澍泽律师围绕"原告对其主张承担举证责任"进行了抗辩。本案中,刘某某主张涉案房屋出现漏水,严重影响其经营以及酒店管理公司未履行修缮义务,要求返还部分租金。刘某某提交的证据中，漏水视频及照片所反映的内容仅能证明涉案房屋确实出现过漏水事件，但无法证明漏水出现的具体位置、漏水的严重程度、漏水如何影响其经营以及因该漏水事件导致的损失。刘某某的证据不能证明其主张，无法达到其证明目的。在庭审中，澍泽律师就房屋出现漏水的位置是休息室非工作区域不影响正常经营且酒店管理公司进行了妥善维修并减少了该月租金10,000元等相关事实进行了陈述。

其次，双方经协商一致解除房屋租赁合同，已经就房屋租赁合同解除问题所涉及的权利义务形成合意，该合意内容不违反法律、行政法规的强制性规定，刘某某亦未能举证证明酒店管理公司存在欺诈、胁迫或乘人之危的行为，故《解除房屋租赁合同协议书》合法有效，双方均应遵循诚实信用原则恪守协议。解除协议已经履行完毕，刘某某作为汽车装俱经营部的经营者也应遵守该协议，不能以酒店管理公司未履行维修义务为由主张返还租金。

最后，法院以缺乏证据为由驳回原告的诉讼请求。

由本案可知，案件代理的成功需要事先对案件认真研究和分析，特别对原告代理来说，切勿轻易发动一个诉讼，即使发动诉讼，也要在吃透案情和系统分析证据是否充分的基础上，才有胜诉的可能。

**【启示与提醒】**

1. 租赁期限届满，承租人继续使用租赁物，出租人没有提出异议的，虽然没有续签新的租赁合同，但原租赁合同继续有效，只是租赁期限为不定期。此时，当事人双方在合理期限之前通知对方，都可以随时解除合同。因此，就承租人而言，为保证继续对租赁物享有使用权，建议在租期届满前及时告知出租人续租，并与其签订新的租赁合同，将租期、租金、违约责任等内容固定下来，预防不必要的法律风险。

2. 承租人在租赁物需要维修时可以请求出租人在合理期限内维修。出租人应当及时履行维修义务，对租赁物进行维修。出租人未履行维修义务的，承租人有权向出租人提出维修的要求，催告出租人维修。若出租人在承租人催告的合理期限内仍未履行维修义务的,承租人可以对租赁物自行维修,并向出租人主张维修费用。因维修租赁物影响承租人使用的,应当相应减少租金或者延长租期,以作为对承租人的补偿。实务中,如果因租赁物损毁影响到正常营业且出租人不履行维修义务的,出租人应当做好相关证据保存,否则可能会因缺乏证据而导致索赔不能。

**【法条链接】**

**《民事诉讼法》**

**第六十七条**　当事人对自己提出的主张,有责任提供证据。

当事人及其诉讼代理人因客观原因不能自行收集的证据,或者人民法院认为审理案件需要的证据,人民法院应当调查收集。

人民法院应当按照法定程序,全面地、客观地审查核实证据。

**《最高人民法院关于适用〈中华人民共和国〉民事诉讼法的解释》**

**第九十条**　当事人对自己提出的诉讼请求所依据的事实或者反驳对方诉讼请求所依据的事实,应当提供证据加以证明,但法律另有规定的除外。

在作出判决前,当事人未能提供证据或者证据不足以证明其事实主张的,由负有举证证明责任的当事人承担不利的后果。

**《民法典》**

**第七百一十二条**　出租人应当履行租赁物的维修义务,但是当事人另有约定的除外。

**第七百一十三条**　承租人在租赁物需要维修时可以请求出租人在合理期限内维修。出租人未履行维修义务的,承租人可以自行维修,维修费用由出租人负担。因维修租赁物影响承租人使用的,应当相应减少租金或者延长租期。

因承租人的过错致使租赁物需要维修的,出租人不承担前款规定的维修义务。

**第七百三十条** 当事人对租赁期限没有约定或者约定不明确，依据本法第五百一十条的规定仍不能确定的，视为不定期租赁；当事人可以随时解除合同，但是应当在合理期限之前通知对方。

**第七百三十四条** 租赁期限届满，承租人继续使用租赁物，出租人没有提出异议的，原租赁合同继续有效，但是租赁期限为不定期。

租赁期限届满，房屋承租人享有以同等条件优先承租的权利。

# 十二、特许人没有依法履行信息披露义务，被特许人可以解除特许经营合同

——北京某网络技术有限公司、北京某教育科技有限公司与深圳市某教育管理有限公司特许经营合同纠纷案

**【基本案情】**

案由：特许经营合同纠纷

上诉人（一审被告）：北京某网络技术有限公司（以下简称北京网络技术公司）

上诉人（一审被告）：北京某教育科技有限公司（以下简称北京教育科技公司）

被上诉人（一审原告）：深圳市某教育管理有限公司（以下简称深圳教育管理公司）

代理人：天津澍泽律师事务所

1. 涉案合同的主体及主要内容

深圳教育管理公司提交了三份内容相同，且落款时间均为2018年1月25日的合作协议，三份协议落款处的署名主体不同。第一份协议的甲、乙双方分别为北京网络技术公司和陈某某（深圳教育管理公司法定代表人），第二份协议的甲、乙双方分别为北京网络技术公司和陈某某、

深圳教育管理公司，第三份协议的甲、乙双方分别为北京教育科技公司和陈某某、深圳教育管理公司。涉案合同约定，协议的签订基于以下事实与承诺：(1)甲方拥有“某某亲子共享社区”特定的专有技术、知识、技能、技巧、知识产权、商业秘密和经营理念和经营管理模式。(2)甲方同意乙方在合作期间与区域内使用甲方的经营管理模式，为消费者提供服务。(3)乙方承诺，在签订本协议前已有充分的机会获知本协议中的各项条款以及对共享社区业务的运营机制做了调查，并充分了解协议项下自己的权利、义务、违约责任。(4)在签订本协议时，如果乙方是自然人，则乙方在签订本协议后必须尽快以公司名义经营共享社区，乙方及乙方所代表的公司对本协议项下的义务承担连带保证责任。(依具体情形而定，下文提及的“共享社区”指作为乙方有法律效力的自然人签订本协议后设立的开展“某某亲子共享社区”运营实体。)涉案合同具体内容为：“一、合作区域：广东省深圳市龙华新区大道东侧红山××××铺位号29栋×××。二、合作期限：除本协议提前终止，本协议项下期限为五年，即2018年1月25日至2023年1月24日。三、合作费用：1. 初始委托运营费。乙方于2018年1月26日前向甲方一次性支付750,000元的初始委托运营费。乙方知悉并同意该初始委托运营费是乙方全权委托甲方帮助其进行开业前筹备所必需的基础费用，该款项用于共享社区筹备所必需的第一期场地租金、装修费(装修标准为1500～2500元/平方米)、基础教玩具设备费(教玩具设备标准为25万～30万元)，该款项应在本协议签订后1个工作日内一次性支付完毕，否则视为自动放弃合作权利。2. 履约保证金。乙方于2018年1月26日前向甲方缴纳5万元作为无息履行保证金，该款项应在本协议签订后1个工作日内一次性支付完毕，否则视为自动放弃合作权利。若乙方在经营期间拖欠到期应付甲方的款项或违反本协议相关规定，甲方无须事先通知乙方即可自行从保证金中扣除上述欠款，并可要求乙方在10个工作日内补足保证金。3. 收入分配共享社区统一由甲方进行收费，并按照以下方式于每月20日对上月收入进行分配：课程收入分配甲方占比30%，乙方占比30%，

第三方授课老师占比40%。会员费及其他收入分配甲方占比5%,乙方占比95%。4.关于退款乙方知悉并同意在任何情况下一旦签订合作协议,已支付的初始委托运营费不予退款,也不得以任何理由扣减。履约保证金须在协议期届满,双方结清相关费用后将余额无息返还到乙方指定账号汇总。5.费用承担。本协议中乙方需自行承担因共享社区而产生的各项经营费用,包括场地租金、员工工资等成本,以及营业税、所得税、增值税等税费。四、双方的权利及义务:(一)甲方的义务。1.开业前筹备。甲方收到初始委托运营费后至中心开业前,将负责以下事项:(1)委派专业人员至乙方所在地进行场地甄选、租赁协议洽谈;(2)负责对确定场地进行装修设计、装修材料购买、装修施工、装修验收;(3)负责前期运营团队的筛选、培训工作;(4)负责运营中心运营设备、教玩具的购买及陈列;(5)协助建立共享社区的客户管理制度;(6)协助建立共享社区的财务管理制度;(7)协助建立共享社区的采购管理制度。2.合作期间的持续技术服务和咨询。乙方经营'某某亲子共享社区'期间,甲方将视情况向乙方提供以下持续技术服务及咨询:(1)经乙方合理要求,就共享社区的经营与管理提供电话咨询;(2)提供甲方的市场推广及促销资料,甲方可以对广告、公关及促销资料收费的形式将资料成本摊给乙方;(3)向乙方的骨干管理人员等提供有偿培训;(4)不时提供与共享社区经营业务相关的市场信息;(5)甲方协助乙方完成80万元业绩。(二)乙方的义务。1.开业前筹备:(1)按照甲方场地要求提供参考场地;(2)签订场地租赁合同;(3)全力配合甲方与物业及进行沟通对接;(4)全权负责办理共享社区的消防相关事宜;(5)与甲方筛选通过运营人员签订劳动合同。2.经营管理:(1)严格执行甲方要求的客户管理制度,并按照甲方要求定时上传客户档案。(2)严格执行甲方要求的财务管理制度,共享社区收入必须经由甲方指定支付平台及支付账户,由甲方进行统一收取后进行分配。(3)严格执行甲方要求的采购管理制度,运营期间设备、教玩具及经营用品仅能从甲方处或甲方指定渠道购买;不得在共享社区内销售非甲方来源的产品。(4)严格遵守及执行甲方不时更新的共享社区管理办法。(5)乙方对共享社区的经营盈亏独立承担责任，其经营及其他活动不得有损害甲方声誉或对甲方产生负面影响。”涉案合同还就其他事项进行了约定。

北京网络技术公司成立于2000年10月9日，北京教育科技公司成立于2018年1月29日，深圳教育管理公司成立于2018年10月22日。

北京网络技术公司和北京教育科技公司称上述协议的履行主体主要为北京网络技术公司。

在被告北京教育科技公司于2019年10月25日发给陈某某的邮件中称：“您是×××的第一个加盟商，感谢您对‘某某亲子共享社区’的选择，总部也没有收取任何的品牌费用……与您的合作总部的收益是在您开业后的权益金分成上。”

2. 涉案合同的履行情况

2018年1月4日，陈某某向北京网络技术公司支付100,000元，2018年1月28日，陈某某向北京网络技术公司支付700,000元。

2018年10月25日，北京网络技术公司出具授权书，授权深圳教育管理公司使用“××××××”商标在广东省深圳市龙华区经营“某某亲子共享社区”。

2018年3月至9月北京网络技术公司为深圳教育管理公司提供了选址服务；2019年4月北京网络技术公司为陈某某提供了某某亲子项目管理培训。

北京教育科技公司提交了签订于2019年6月19日《某某亲子深圳龙华红×店空间设计合同》一份，甲方为北京教育科技公司，乙方为厦门某某设计工程有限公司某设计事务所(以下简称设计公司)。该合同中约定，甲方委托乙方承担某某亲子深圳龙华红×店空间设计任务，设计费为200,000元，优惠后的设计费为36,960元，剩余款项163,040元作为项目工地的装修保证金，若甲方与乙方另签订该项目的施工合同，则该保证金将自动转为施工合同的施工款。若因甲方原因，施工合同未能签订，则设计费标准按照原价执行，乙方有权不作任何退款。2019年7

月25日,北京教育科技公司向设计公司支付了200,000元。2019年9月12日装修设计图集完成并提交给了陈某某。

北京教育科技公司提交了签订于2018年7月15日的合同一份,甲方为厦门某教育科技有限公司(以下简称厦门教育科技公司),乙方为北京教育科技公司。该合同中约定,乙方从甲方处购买货值800,000元的玩具,此订单包含2个附件,分别发往乙方指定收货地点:附件1总货值200,000元,实际结算金额100,000元;附件2总货值600,000元,实际结算金额300,000元。附件1指定收货地点北京蓝港店,附件2指定收货地点深圳红山6979店,收件人陈某某。2019年7月15日,北京教育科技公司向厦门教育科技公司支付400,000元。上述合同中的玩具尚未交付给陈某某。

2018年12月7日、2019年9月23日北京教育科技公司向深圳教育管理公司各汇款100,491.2元,共计200,982.4元。北京教育科技公司称上述款项系给深圳教育管理公司交付租金的款项。

3."两店一年"、处罚情况与信息披露

北京网络技术公司、北京教育科技公司称,北京网络技术公司开设位于北京市朝阳区某国际商区的直营店于2018年2月开业,后转由北京教育科技公司经营;北京教育科技公司开设于北京建国门外大街×号的直营店于2018年11月开业。

2017年12月21日,北京市工商行政管理局开发区分局以北京网络技术公司为了增加业务收入,通过www.××××××.com网站宣传"某某网www.××××××.com全球最大的中文母婴门户网站"等内容为虚假宣传为由,作出京工商经开分处字[2017]第×××号行政处罚决定书。

本案中没有证据证明北京网络技术公司、北京教育科技公司向深圳教育管理公司披露了其在签订合作协议之前,不具备两个直营店经营时间超过1年,以及上述违法经营记录的情况。

4. 深圳教育管理公司为开设加盟店所投入的经营成本

2018 年 11 月 19 日，深圳某投资有限公司（甲方，以下简称投资公司）与深圳教育管理公司（乙方）签订了《红山六九七九项目商铺租赁合同》，其中约定：品牌及经营范围为某某亲子共享社区××××××，租赁期限为 2019 年 10 月 20 日至 2024 年 10 月 19 日，租赁保证金为 200,982.22 元。

2019 年 8 月 8 日，深圳教育管理公司向投资公司交付租赁保证金 100,491.2 元。

2020 年 1 月 6 日，投资公司（甲方）与深圳教育管理公司（乙方）签订了《解除〈红山六九七九项目商铺租赁合同〉协议》，其中约定：甲、乙双方均自愿同意自 2019 年 12 月 1 日解除《红山六九七九项目商铺租赁合同》，乙方须于解除《红山六九七九项目商铺租赁合同》当日交回租赁商铺，已交纳的租赁保证金不予退还。

5. 涉案合同的解除

2019 年 11 月 29 日，深圳教育管理公司向北京教育科技公司发出《解除合同通知书》，其中载明："贵司自签订合同至今不具有《商业特许经营管理条例》第 7 条规定的能力和条件；至今也未依照第 20 条、第 21 条的规定履行信息披露义务。""我司经过慎重考虑决定依《商业特许经营管理条例》第 23 条，《合同法》第 94 条的规定与贵司解除合同关系。"该通知于 2019 年 12 月 2 日被签收。

以上事实，有合作协议、支付凭证、授权书、《××亲子深圳龙华红×店空间设计合同》、《红山六九七九项目商铺租赁合同》、《解除〈红山六九七九项目商铺租赁合同〉协议》、《解除合同通知书》等及当事人陈述在卷佐证。

**【澍泽代理】**

在合同履行过程中，深圳教育管理公司发现被告北京教育科技公司指定的装修公司报价远高于市场价，指定的玩具商提供的玩具报价也普遍高于同类产品市场价格的20%以上;而且营业后的诸多加盟商反馈的经营状况均非常不妙,没有一家盈利。深圳教育管理公司感觉可能“掉坑里了”,担心继续下去不仅已经投入的资金无法收回,而且可能会扩大损失。但是,如果终止合同的话又担心承担违约责任。为此,深圳教育管理公司咨询了澍泽律师,消除了顾虑,决定提起诉讼,并委托澍泽律师作为本案诉讼的代理人。

澍泽律师代理本案后,认为本案存在两方面问题:第一,被告诉讼主体资格问题;第二,涉案合同性质。对此,澍泽律师团队提出如下观点:

1. 关于被告诉讼主体资格问题。

根据深圳教育管理公司提供的70万元支付凭证可以确认,交费时,北京教育科技公司尚未成立,费用交给了北京网络技术公司。北京网络技术公司、北京教育科技公司先后与深圳教育管理公司签订过内容相同的合同。北京网络技术公司又是北京教育科技公司的大股东,存在关联关系。两家公司均未向深圳教育管理公司说明合同权利义务是否全部转移给北京教育科技公司。在合同履行过程中,北京网络技术公司收取费用,北京教育科技公司后期提供选址、指定装修商和玩具供货商等履行合同行为,联系人均系同一人,由此可以认为是北京网络技术公司、北京教育科技公司共同享有合同权利、承担合同义务,应当将两家公司作为共同被告一并起诉。根据案情判断,两家公司存在共同欺诈行为,依法应当承担连带责任。

2. 关于合同性质问题。虽然合同名称为合作协议,合同内容存在初始委托运营条款,但核心内容完全符合商业特许经营合同的法律特征,合同性质为商业特许经营合同。

深圳教育管理公司对澍泽律师团队的上述观点表示认可。为此,澍泽律师代理深圳教育管理公司向北京市朝阳区人民法院提起诉讼,诉请:(1)确认深圳教育管理公司与北京教育科技公司签订的合作协议于2019年12月2日解除;(2)判令北京网络技术公司、北京教育科技公司返还深圳教育管理公司支付的599,017.78元,并按照全国银行间同业拆借中心公布的贷款市场报价利率支付自2018年1月26日至实际给付之日止的利息；(3)判令北京网络技术公司、北京教育科技公司赔偿深圳教育管理公司因履行合同租赁房屋支付的10万元保证金损失。

**【一审情况】**

北京市朝阳区人民法院经审理认为，根据深圳教育管理公司提交的三份协议，以及北京网络技术公司和北京教育科技公司的自述、陈某某的交款情况，装修设计合同和购买玩具合同的签约主体等情况，实际上与深圳教育管理公司履行合同的主体包括北京网络技术公司和北京教育科技公司，故可以认定北京网络技术公司和北京教育科技公司为共同履行涉案合同义务的主体。

从涉案合同的签订时间看，虽然北京教育科技公司、深圳教育管理公司的成立时间晚于合同落款的时间，合同的落款时间存在倒签的情形，但是从合同中约定的合同期限以及合同的实际履行情况，仍然可以认定涉案合同的成立时间为2018年1月25日。

就涉案合同的性质而言，商业特许经营是指拥有注册商标、企业标志、专利、专有技术等经营资源的企业（特许人），以合同形式将其拥有的经营资源许可其他经营者（被特许人）使用，被特许人按照合同约定在统一的经营模式下开展经营，并向特许人支付特许经营费用的经营活动。经营资源既包括注册商标、企业标志、专利，也包括字号、商业秘密、具有独特风格的整体营业形象，以及在先使用并具有一定影响的未注册商标等能够形成某种市场竞争优势的经营资源。特许经营合同性质的认定应当以双方当事人约定的合同内容为主要依据，合同名称一般不影响对特许经营合同性质的认定。本案中，虽然涉案合同名称并非特许经营合同，但是从合同内容和双方的履行情况看，北京网络技术公司、北京教育科技公司将其拥有的“某某亲子共享社区”特定的专有技术、知识、技能、技巧、知识产权、商业秘密和经营理念和经营管理模式以合同形式许可深圳教育管理公司使用,且双方约定了以课程收入及其他收入分配的方式分配收益,可以视为是上述经营资源的对价,故双方的协议性质符合特许经营合同的特征,可以认定为特许经营合同。虽然涉案合同中还约定了深圳教育管理公司将初始运营委托给北京网络技术公司和北京教育科技公司,此约定的实质是在特许经营合同关系之外又增加了委托运营关系,然而增加的委托运营关系并不影响对涉案合同中特许经营法律关系的认定。

《商业特许经营管理条例》第 7 条规定,特许人从事特许经营活动应当拥有成熟的经营模式,并具备为被特许人持续提供经营指导、技术支持和业务培训等服务的能力。特许人从事特许经营活动应当拥有至少 2 个直营店,并且经营时间超过 1 年。第 21 条规定,特许人应当在订立特许经营合同之日前至少 30 日,以书面形式向被特许人提供本条例第 22 条规定的信息,并提供特许经营合同文本。第 22 条规定,特许人应当向被特许人提供以下信息:(1)特许人的名称、住所、法定代表人、注册资本额、经营范围以及从事特许经营活动的基本情况;(2)特许人的注册商标、企业标志、专利、专有技术和经营模式的基本情况;(3)特许经营费用的种类、金额和支付方式(包括是否收取保证金以及保证金的返还条件和返还方式);(4)向被特许人提供产品、服务、设备的价格和条件;(5)为被特许人持续提供经营指导、技术支持、业务培训等服务的具体内容、提供方式和实施计划;(6)对被特许人的经营活动进行指导、监督的具体办法;(7)特许经营网点投资预算;(8)在中国境内现有的被特许人的数量、分布地域以及经营状况评估;(9)最近 2 年的经会计师事务所审计的财务会计报告摘要和审计报告摘要;(10)最近 5 年内与特许经营相关的诉讼和仲裁情况;(11)特许人及其法定代表人是否有重大违法经营记录;(12)国务院商务主管部门规定的其他信息。第 23 条第 3 款规定,特许人隐瞒有关信息或者提供虚假信息的,被特许人可以解除特许经营合同。

本案中,深圳教育管理公司主张涉案合同已经解除,依据为北京教育科技公司没有依照《商业特许经营管理条例》第20条、第21条的规定履行信息披露义务。在案证据不能证明北京网络技术公司、北京教育科技公司曾在涉案合同签订前将其不具备“两店一年”、北京网络技术公司曾因虚假宣传受到行政处罚的情况向陈某某披露，其没有履行信息披露义务；而“两店一年”是特许方具有成熟经营模式的重要指标，北京网络技术公司因虚假宣传“某某网 www. ××××××. com 全球最大的中文母婴门户网站”而被行政处罚也是说明其是否诚信经营的重要事项；其没有披露上述信息足以导致陈某某决定是否与其签订相关合同；深圳教育管理公司作为涉案合同签订后陈某某设立的用以运营共享社区的主体，按照合同约定其对涉案合同义务承担责任，其有权主张合同上的权利；现深圳教育管理公司依据北京网络技术公司、北京教育科技公司未履行信息披露义务而主张解除合同于法有据，法院予以支持。合同自通知到达对方时解除。本案中，解除合同的通知在2019年12月2日到达北京教育科技公司，故涉案合同应于该日解除。

原《合同法》第97条规定，合同解除后，尚未履行的，终止履行；已经履行的，根据履行情况和合同性质，当事人可以要求恢复原状、采取其他补救措施，并有权要求赔偿损失。本案中，由于北京网络技术公司、北京教育科技公司没有履行信息披露义务使合同相对方产生错误认知，而导致合同被解除，故深圳教育管理公司有权要求返还涉案合同项下已经支付的款项并有权要求被告方赔偿损失，包括利息损失及房屋租金、保证金损失，但是利息的起算点应自合同解除之日起算。

综上，依据原《合同法》第96条第1款、第97条，《商业特许经营管理条例》第7条、第21条、第22条、第23条第3款之规定，判决如下：

1. 深圳教育管理公司与北京教育科技公司签订的合作协议于2019年12月2日解除；

2. 北京网络技术公司、北京教育科技公司于本判决生效之日起10日内返还深圳教育管理公司599,017.6元并支付相应利息（以599,017.6元为基数，按照全国银行间同业拆借中心公布的贷款市场报价利率计算，

自2019年12月2日至实际给付之日止);

3.北京网络技术公司、北京教育科技公司于本判决生效之日起10日内赔偿深圳教育管理公司100,000元保证金损失;

4.驳回深圳教育管理公司其他诉讼请求。

案件受理费10,790.18元,由北京网络技术公司、北京教育科技公司负担。

**【二审情况】**

北京网络技术公司、北京教育科技公司不服一审法院作出的(2020)京0105民初×××××号民事判决,向北京知识产权法院提起上诉。

北京网络技术公司、北京教育科技公司上诉请求:撤销一审法院作出的一审判决中第一、二、三项判项,并依法改判驳回深圳教育管理公司的起诉或驳回其全部诉讼请求。事实及理由:(1)本案实际履约主体是陈某某和北京网络技术公司,当事人诉讼主体不适格,本案应当驳回深圳教育管理公司的起诉,一审判决程序错误。合作协议签署时深圳教育管理公司并未成立,其不具有本案的诉讼主体资格。北京教育科技公司也并非本案适格被告。(2)合作协议并非特许经营合同,其主要内容是双方就"某某亲子共享社区"项目的成立及运营共同出资出力,合作创收。从头到尾均没有关于特许经营的任何约定,其实质仅是一份正常项目合作协议。深圳教育管理公司主张其系特许经营合同的目的在于为违约毁约寻找事由,而一审判决对合作协议性质的认定过于笼统随意,其认定与事实不符。(3)北京网络技术公司已依约使用初始委托运营费合计700,982.4元,且合作协议明文约定"初始委托运营费不予退款,也不得以任何理由扣减",深圳教育管理公司关于返还本案初始委托运营费直接违反合同约定,合作协议的解除将导致北京网络技术公司承受更严重经济损失。而一审判决完全未对该情况予以考虑认定,违反了当事人意治原则和公平原则。(4)退一步讲,即使合作协议被认定为特许经营合同,则北京网络技术公司履约过程中所提供的资源及服务应当认定为经营资源。北京网络技术公司在一审阶段提供的大量证据可充分证明,北京网络技术公司在合同履行过程中已经向深圳教育管理公司提供了大量经营资源,履行完毕合作协议约定的大部分义务。本案深圳教育管理公司的合同目的已经实现,其主张解除合同无事实与法律依据。同时,从北京网络技术公司举证的大量事实可直接证明,北京网络技术公司完全具备经营资质及成熟的经营模式。一审判决未对北京网络技术公司、北京教育科技公司提供的大量证据进行审查认定,径行依照所谓未披露"两店一年"和行政处罚情况为由判决解除合同,与事实和法律规定严重不符。综上,请求支持北京网络技术公司、北京教育科技公司的上诉请求。

深圳教育管理公司辩称:一审判决认定事实清楚,适用法律正确,请求予以维持。不同意北京网络技术公司、北京教育科技公司的上诉请求,请求予以驳回。

北京知识产权法院审理认为,结合双方当事人的诉辩意见,本案的争议焦点问题有 2 个,具体如下:

1. 一审法院对本案合同主体及合同性质的认定是否有误。

北京网络技术公司及北京教育科技公司主张本案的实际履约主体是陈某某和北京网络技术公司,深圳教育管理公司并非本案适格原告,北京教育科技公司也并非本案适格被告。对此法院认为,一审中,深圳教育管理公司提供三份内容相同的合同,合同的签约主体甲方包括北京网络技术公司、北京教育科技公司,乙方包括深圳教育管理公司、陈某某。其中陈某某作为深圳教育管理公司的法定代表人与北京网络技术公司、北京教育科技公司签订关于特许经营合作的合同,可以认定陈某某的签约行为系代表深圳教育管理公司的职务行为,深圳教育管理公司为合同主体。深圳教育管理公司有权基于合同中对方的违约行为提起本案诉讼,其作为本案的原告主体适格。而北京网络技术公司、北京教育科技公司均作为合同主体签约,且均实际履行合同,其中北京网络技术公司实际收取了合同款项并为深圳教育管理公司出具了授权书,北京教育科技公司针对与深圳教育管理公司的合作与他人签订了装修设计合同并购买了玩具。故此，北京网络技术公司和北京教育科技公司为共同履行涉案合同义务的主体，为本案适格被告。

另外，北京网络技术公司、北京教育科技公司还主张涉案的合作协议并非特许经营合同，一审判决对合同性质认定有误。对此法院认为，对于合同性质的认定不应以合同的名称为审查标准和判断依据，而应当根据订立合同的目的、合同的具体内容、合同中关于双方权利义务的约定等综合审查确定。本案中，涉案合同以深圳教育管理公司使用北京网络技术公司及北京教育科技公司的经营管理模式开展盈利服务为合同目的，合同约定北京网络技术公司及北京教育科技公司拥有"某某亲子共享社区"特定的专有技术、知识、技能、技巧、知识产权、商业秘密和经营理念、经营管理模式，同时约定北京网络技术公司及北京教育科技公司同意深圳教育管理公司在合作期间及合作区域内使用其经营管理模式，为消费者提供服务，且涉案合同还针对双方就课程收入及其他收入的分配方式进行了约定。因此，涉案合同符合法律规定的特许经营合同的特征，应当认定为特许经营合同，一审法院对此认定正确，法院予以确认。

综上，北京网络技术公司、北京教育科技公司的此项上诉主张缺乏事实及法律依据，法院不予支持。

2. 一审法院认定涉案合同解除是否有误。

按照法律规定，有下列情形之一的，当事人可以解除合同：（1）因不可抗力致使合同目的不能实现的；（2）在履行期限届满之前，当事人一方明确表示或者以自己的行为表明不履行主要债务；（3）当事人一方迟延履行主要债务，经催告后在合理期限内仍未履行；（4）当事人一方迟延履行债务或者有其他违约行为致使不能实现合同目的；（5）法律规定的其他情形。具体到本案，根据在案证据显示，北京网络技术公司于2000年10月9日成立，北京教育科技公司于2018年1月29日成立。而北京网络技术公司及北京教育科技公司在一审中明确表示，北京网络技术公司开设于北京市朝阳区某国际商区的直营店于 2018 年 2 月开业，北京教育科技公司开设于北京建国门外大街 × 号的直营店于 2018 年 11 月开业。故在案证据不能证明北京网络技术公司及北京教育科技公司在与深圳教育管理公司签订特许经营合同之前已拥有 2 个直营店，并且经营时间超过 1 年。而上述经营情况是认定北京网络技术公司及北京教育科技公司作为特许人是否拥有从事特许经营活动应当拥有的成熟经营模式的关键考量因素。由此可见，北京网络技术公司及北京教育科技公司并不具备相应的成熟经营模式，亦不具备为被特许人持续提供经营指导、技术支持和业务培训等服务的能力。而北京网络技术公司及北京教育科技公司并未向深圳教育管理公司如实披露这一情况，由此导致深圳教育管理公司与其签订特许经营合同，开展特许经营服务并获利的合同目的无法实现。此外，北京网络技术公司及北京教育科技公司就北京网络技术公司因虚假宣传被行政处罚的相关信息亦未向深圳教育管理公司如实披露，亦影响了深圳教育管理公司关于涉案特许经营合同签订与否的选择，从而导致深圳教育管理公司的合同目的无法实现。故深圳教育管理公司有权要求解除合同，一审法院基于此认定涉案合同解除，并以北京教育科技公司收到解除通知的 2019 年 12 月 2 日认定为合同解除时间均无不当，法院予以确认。北京网络技术公司及北京教育科技公司主张涉案合同不应解除的上诉意见缺乏事实及法律依据，法院不予支持。

同时，一审法院根据涉案合同的履行情况和合同性质，确定合同解除后，北京网络技术公司及北京教育科技公司应返还深圳教育管理公司已支付的款项，并应当赔偿深圳教育管理公司的损失，包括利息损失及房屋租金损失。上述认定均正确，法院予以确认。

综上，北京网络技术公司及北京教育科技公司的上诉请求均不能成立，一审判决认定事实清楚，适用法律正确，依法应予以维持。依照《民事诉讼法》第 170 条第 1 款第 1 项之规定，判决驳回上诉，维持原判。

**【办案心得】**

本案主要争议焦点为深圳教育管理公司是否具有解除权。针对这一争议焦点,澍泽律师收集了以下两份对委托人有利的关键证据:一是北京网络技术公司开设位于北京市朝阳区某国际商区的直营店于2018年2月开业,后转由北京教育科技公司经营;北京教育科技公司开设于北京建国门外大街×号的直营店于2018年11月开业。二是北京市工商行政管理局开发区分局于2017年12月21日以北京网络技术公司虚假宣传为由,作出京工商经开分处字[2017]第×××号行政处罚决定书。

根据《商业特许经营管理条例》第7条第2款的规定,特许人从事特许经营活动应当拥有至少2个直营店,并且经营时间超过1年。第23条第3款规定,特许人隐瞒有关信息或者提供虚假信息的,被特许人可以解除特许经营合同。由此可见,如果合作协议能认定为特许经营合同,委托人就可依据上述法条主张解除合同。也就是说,双方所签订的合作协议能否认定为特许经营合同,是本案能否胜诉的关键点。在庭审阶段,澍泽律师主要针对以上关键点进行有针对性的论证,最后代理意见获得一审、二审法院支持。

由本案可知,律师办案时,不仅要知悉案件已呈现的信息,还要尽可能了解案件背后隐藏的信息,从法律的视角全面、客观、理性地分析案情,研究制定有利于委托人的诉讼策略,最大限度地维护委托人的合法权益。

**【启示与提醒】**

对特许人(连锁经营者)来说,连锁加盟可以起到迅速扩大业务规模的作用;对被特许人(连锁加盟者)来说,无须太高的成本就可以简单复制使用特许人的品牌、专有技术等,降低了创业门槛,减少了营销难度,往往会有不菲的收益,这也是连锁加盟特别火爆的原因。但现实生活中连锁加盟出现了各种各样的法律问题，为规避相应风险，建议如下：

1. 就特许人而言，从事特许经营活动应当拥有至少 2 个直营店，并且经营时间超过 1 年。如果不符合该条件发展加盟商，将面临被加盟商解除特许经营合同并主张返还加盟费、赔偿损失的风险。

2. 就创业者而言，加盟既涉及加盟费的支出，又涉及场地租赁、装修、营销等各种费用的支出，前期投入的资金、时间和人员成本都比较大，因此，连锁加盟需要非常谨慎，不要轻信特许人的广告宣传。具体而言，可从以下几方面进行风险防范。

（1）加盟前详细了解特许人的公司情况和股东信用。

加盟者在合作之前，首先要做的就是了解特许人的相关情况，再决定是否展开加盟合作。根据《商业特许经营备案管理办法》的规定，所有的特许人都应当向商务主管部门备案才能采用商业特许经营的方式。因此，加盟者可以通过商务主管部门的网站或者亲自去主管部门查询、核实特许人的备案情况、信息披露情况，从而更多地从客观角度看待加盟项目，防止被特许人的花言巧语所欺骗。此外，可在国家企业信用信息公示系统（网址：www. gsxt. gov. cn）查询特许人的工商登记情况，包括公司的大股东、公司性质、公司注册地、注册资本等，从而了解公司的真实资金实力、核心运营团队以及股东变化情况等。

（2）核实特许人是否符合商业特许经营条件。

根据《商业特许经营管理条例》第 7 条的规定，特许人从事特许经营活动应当拥有成熟的经营模式，并具备为被特许人持续提供经营指导、技术支持和业务培训等服务的能力。特许人从事特许经营活动应当拥有至少 2 个直营店，并且经营时间超过 1 年。这是特许人是否符合商业特许经营的重要条件。从业务角度来看，特许人从事特许经营活动应当拥有成熟的经营模式，并具备为被特许人持续提供经营指导、技术支持和业务培训等服务的能力，这个需要加盟者从业务角度进行持续的实地考察。特许人从事特许经营活动应当拥有至少 2 个直营店，并且经营时间超过 1 年，这是对特许人的硬性要求，加盟者应当了解特许人的直营店家数和经营时间,也可以考察特许人的直营实力和商业模式的稳定性。

(3)核实特许人的“核心资源”。

对加盟者来说,吸引加盟的核心因素是特许人掌握的“核心资源”,如著名商标、专利或专有技术等。实务中,较多连锁企业为招商进行虚假或夸大宣传,因此,加盟者加盟前应当在国家相关商标或者专利网站检索查询注册商标证书、专利证书的真实性,以及所有者是不是特许人。如果涉及的技术比较复杂,建议咨询相关的技术专家协助判断。

(4)谨慎签署特许经营合同。

《商业特许经营管理条例》第 11 条对特许经营合同应当包括的内容进行了列举。作为加盟者,应当在特许经营合同中对以下核心利益条款进行详细的约定:

①对特许经营权的具体授权内容和期限要有明确的规定。根据《商业特许经营管理条例》第 13 条的规定,特许经营合同约定的特许经营期限应当不少于 3 年。但是,被特许人同意的除外。因此,可以通过约定更长的特许经营期限,对自己的权益进行保障。

②要明确约定特许经营费用的种类、金额及其支付方式,以及一旦双方合作关系变更、终止或者对方违约,特许经营费用如何处理。

③要明确约定特许人经营指导、技术支持以及业务培训等服务的具体内容和提供方式。这是防止特许人仅仅拿了加盟费就以为万事大吉,不重视提供后续的经营指导和技术支持,导致加盟者遭受经济损失。

④要明确约定产品或者服务的质量、标准要求和保证措施。一般情况下,特许人会要求加盟者从特许人处进货,如果不详细约定产品或者服务的质量、标准要求以及保证措施,就很容易产生法律争议。而且一旦特许人的产品质量不合格或者价格过高,很可能导致加盟者利益受损。因此,对于加盟者来说,最好的方式就是提前通过合同的方式预防这种事情的发生。

【法条链接】

《民法典》

**第五百六十三条** 有下列情形之一的，当事人可以解除合同：

（一）因不可抗力致使不能实现合同目的；

（二）在履行期限届满之前，当事人一方明确表示或者以自己的行为表明不履行主要债务；

（三）当事人一方迟延履行主要债务，经催告后在合理期限内仍未履行；

（四）当事人一方迟延履行债务或者有其他违约行为致使不能实现合同目的；

（五）法律规定的其他情形。

以持续履行的债务为内容的不定期合同，当事人可以随时解除合同，但是应当在合理期限之前通知对方。

**第五百六十五条** 当事人一方依法主张解除合同的，应当通知对方。合同自通知到达对方时解除；通知载明债务人在一定期限内不履行债务则合同自动解除，债务人在该期限内未履行债务的，合同自通知载明的期限届满时解除。对方对解除合同有异议的，任何一方当事人均可以请求人民法院或者仲裁机构确认解除行为的效力。

当事人一方未通知对方，直接以提起诉讼或者申请仲裁的方式依法主张解除合同，人民法院或者仲裁机构确认该主张的，合同自起诉状副本或者仲裁申请书副本送达对方时解除。

**第五百六十六条** 合同解除后，尚未履行的，终止履行；已经履行的，根据履行情况和合同性质，当事人可以请求恢复原状或者采取其他补救措施，并有权请求赔偿损失。

合同因违约解除的，解除权人可以请求违约方承担违约责任，但是当事人另有约定的除外。

主合同解除后，担保人对债务人应当承担的民事责任仍应当承担担保责任,但是担保合同另有约定的除外。

**《商业特许经营管理条例》**

**第七条**　特许人从事特许经营活动应当拥有成熟的经营模式,并具备为被特许人持续提供经营指导、技术支持和业务培训等服务的能力。

特许人从事特许经营活动应当拥有至少2个直营店,并且经营时间超过1年。

**第二十条**　特许人应当依照国务院商务主管部门的规定,建立并实行完备的信息披露制度。

**第二十一条**　特许人应当在订立特许经营合同之日前至少30日,以书面形式向被特许人提供本条例第二十二条规定的信息,并提供特许经营合同文本。

**第二十二条**　特许人应当向被特许人提供以下信息:

(一)特许人的名称、住所、法定代表人、注册资本额、经营范围以及从事特许经营活动的基本情况;

(二)特许人的注册商标、企业标志、专利、专有技术和经营模式的基本情况;

(三)特许经营费用的种类、金额和支付方式(包括是否收取保证金以及保证金的返还条件和返还方式);

(四)向被特许人提供产品、服务、设备的价格和条件;

(五)为被特许人持续提供经营指导、技术支持、业务培训等服务的具体内容、提供方式和实施计划;

(六)对被特许人的经营活动进行指导、监督的具体办法;

(七)特许经营网点投资预算;

(八)在中国境内现有的被特许人的数量、分布地域以及经营状况评估;

(九)最近2年的经会计师事务所审计的财务会计报告摘要和审计报告摘要;

(十)最近5年内与特许经营相关的诉讼和仲裁情况;

（十一）特许人及其法定代表人是否有重大违法经营记录；

（十二）国务院商务主管部门规定的其他信息。

**第二十三条** 特许人向被特许人提供的信息应当真实、准确、完整，不得隐瞒有关信息，或者提供虚假信息。

特许人向被特许人提供的信息发生重大变更的，应当及时通知被特许人。

特许人隐瞒有关信息或者提供虚假信息的，被特许人可以解除特许经营合同。

## 十三、泰国公司的股权转让方未支付股金导致股权无法办理变更手续，受让方是否有权解除合同

——李某某与史某、杨某股权转让纠纷案

**【基本案情】**

案由：股权转让纠纷

申请人：李某某

代理人：天津澍泽律师事务所

被申请人：史某

被申请人：杨某

2014年7月18日，申请人李某某与被申请人史某、杨某签订《股权转让协议》，主要约定如下：被申请人史某、杨某将其持有的泰国某航空公司（以下简称航空公司）合计24.74%股权转让给申请人。被申请人史某、杨某保证是股权的合法拥有者，对该股权有完全处分权。申请人在合同签订后5个工作日支付首付款的50%。被申请人史某、杨某在收到首付款的50%后5个工作日陪同申请人办理全部股权转让及股权变更登记所需手续。

协议签订后，申请人按照协议约定支付了首付款，但被申请人史某、

杨某未按照协议约定陪同申请人办理全部股权的转让及股权变更登记所需手续。申请人多次要求被申请人史某、杨某履行《股权转让协议》约定的义务，陪同办理股权变更手续，但被申请人史某、杨某仅提供了一份签字的空白备案文书，没有按照泰国法律规定的要求有见证人签字，也没有授权董事拉某达的签字。申请人多次与航空公司及授权董事拉某达进行沟通，被告知受让股权因被申请人史某、杨某未支付股金而无法办理过户变更手续。故申请人因不能确认股权能否完成过户而没有支付剩余股权转让款。

2015 年 8 月 18 日，被申请人史某、杨某向仲裁委员会申请仲裁，要求申请人支付剩余股权转让款。2016 年 7 月 27 日，仲裁委员会作出(2016)中国贸仲京字第××××号裁决书，裁决申请人向被申请人史某、杨某支付剩余股权转让款 160,315,200 泰铢、月息 2,404,728 泰铢及律师费、差旅费、保全费等。

2016 年 8 月，申请人要求航空公司办理股权变更时，航空公司及授权签字董事拉某达拒绝办理变更，并于 2016 年 9 月 21 日向申请人出具一份通知，该通知明确表明被申请人史某、杨某没有支付所持股份的股金，该股份仍属于航空公司所有。

因此，被申请人史某、杨某向申请人隐瞒了其与标的公司之间存有股权权属争议的事实，且在前述仲裁活动中，被申请人史某、杨某亦未如实向仲裁庭陈述其转让的股权存有权利瑕疵的事实，导致申请人无法办理受让股权的相关登记手续，无法取得标的公司的股东资格。

申请人为维护合法权益，委托澍泽律师向仲裁委员会提起仲裁。澍泽律师认真研究本案材料及案件背景情况后，认为申请人有权要求解除合同，及有权要求被申请人史某及杨某返还已付款、赔偿损失且不再支付剩余款项。2017 年 2 月 14 日，澍泽律师依据《股权转让协议》中仲裁条款的约定向仲裁委员会提交了书面仲裁申请。仲裁请求如下：

1. 解除申请人李某某与被申请人史某、杨某于 2014 年 7 月 18 日签订的《股权转让协议》；被申请人史某、杨某返还首付款人民币 1,781,280

元,已支付的利息12,023,640泰铢,并自申请人实际支付之日起至实际返还之日止按银行同期贷款利率支付利息。

2. 裁决申请人未支付的股权转让款160,315,200泰铢、利息2,404,728泰铢,被申请人史某、杨某因提起仲裁而发生的费用人民币342,709元、5,413,185.5泰铢不再支付。

3. 被申请人史某、杨某承担本案仲裁费、保全费。

4. 被申请人史某、杨某承担申请人李某某因本案支付的律师费人民币1,500,000元。

在仲裁过程中,申请人发现被申请人史某已经不持有航空公司的股权、被申请人杨某的股权已经减少。根据泰国商业发展厅(DBD)于2017年5月15日出具的股东名册中记载,史某不持有航空公司的股权、杨某的股权由10.74%减少至10%。

根据泰国DBD于2017年6月14日出具的股东名册记载,史某不持有航空公司的股权、杨某的仅持有5%的股权。被申请人史某、杨某于2017年8月7日向仲裁庭提交的《杨某、史某关于S20170148号股权转让协议争议案补充取证的阶段性报告及中止仲裁程序的申请》表述史某不在航空公司的股东名册中,杨某持有50万股,即持股5%。

**【澍泽代理】**

庭审过程中,被申请人史某、杨某答辩称:

1. 申请人在仲裁委员会S2015××××号仲裁案中已经主张过被申请人未履行合同义务,在本案中重复主张违反了一裁终局制度,且(2016)中国贸仲京字第××××号裁决书也已经认定被申请人已经履行了本案协议项下的义务。因此,申请人关于被申请人史某、杨某未履行合同义务而违约的主张不成立。

2. 申请人主张因无法办理过户变更手续而无法取得股东资格继而认为合同目的无法实现的结论错误,申请人所称航空公司及授权董事拉某达表示案涉股权因被申请人史某、杨某未支付股金而与航空公司之前存在股权权属争议与事实不符。《泰国民商法典》第 1129 条规定,“股份的转让不需要公司的同意……该转让行为只有在股东名册中载明了转让人及受让人的姓名和地址后,才能对抗公司和外部第三人”。根据该条规定,备案并不是审核同意。股权转让和交割并不需要公司或 DBD 同意,向 DBD 备案只是为了便于公众查阅,向公司备案只是为了便于公司股东查阅。可见,泰国法律与我国法律规定一致,均采用“登记对抗主义”,股权转让行为可以直接发生股权变动的法律效果,登记或备案仅仅是对抗公司或第三人的法律要件。目标股权的交割时点不是 DBD 备案,而是在《股权转让协议》双方签字后并将转让所需相关手续文件交给对方后即完成股权交割。

3. 申请人称航空公司及授权董事拉某达表示案涉股权因被申请人史某、杨某未支付股金而与航空公司存在权属争议与事实不符。被申请人史某、杨某是 2013 年 7 月至 12 月,通过案外人王某宾向案外人张某易等航空公司原股东购买航空公司 24.7% 的股权,不是从航空公司取得股权,航空公司不是股权转让方,故航空公司无权要求被申请人史某、杨某支付股权转让价款,更无权否认被申请人史某、杨某的股权。

申请人提交的证据 2(历年《股东名册》)多次显示,被申请人史某、杨某取得航空公司股权后,航空公司及其授权董事拉某达先生、邓某琼女士对历年来对记载有被申请人史某、杨某的“股东名册”均予以盖章、签字确认,在此期间,没有人对被申请人所持股份提出过异议,在与申请人签订《股权转让协议》时,史某依法持有目标公司股份 140 万股、占比 14%,杨某依法持有目标公司股份 107.4 万股、占比 10.74%。

被申请人史某、杨某已就其所持有的 24.74% 的股权付清价款。被申请人史某、杨某证据 5(《财务审计报表》)显示,航空公司在 2013 年新增注册资本 8 亿泰铢,且该 8 亿泰铢注册资本已全部实收到位。说明申请人李某某作为公司股东和董事,对该份证据知晓并了解,因此申请人对被申请人的出资到位和股权没有瑕疵是清楚也没有异议的。

被申请人史某、杨某证据 6 也可以证明,被申请人史某、杨某购买股权的款项均已在2013年全部支付完毕,并经航空公司授权董事拉某达先生签字确认,航空公司已在泰国官方登记机关DBD为被申请人史某、杨某办理了股权及备案手续。

4. 被申请人史某、杨某名下股权被变更是申请人李某某谋划并通过欺骗手段实施。申请人李某某为劝说拉某达去掉被申请人史某、杨某的股权,在被申请人史某、杨某不知情的情况下,把被申请人史某、杨某2013年7月至12月支付的多笔股权购买款的票据当作李某某自己的支付凭证使用。被申请人史某、杨某都是在2013年7月至12月逐步通过案外人王某宾找张某易等购买和登记航空公司24.74%股权的,且被申请人史某、杨某支付股权转让款金额与支付凭证金额相互对应、支付时间及收款主体相互印证。申请人李某某的股权是在12月通过王某宾购买的。最终航空公司在本案审理中于2017年5月保留了申请人19%的股权,去掉了被申请人史某、杨某19.74%的股权。

5. 被申请人史某、杨某交付案涉股权的义务已经履行完毕,2017年5月股东名册变更发生在交付完成之后,因此,案涉股权不再涉及被申请人史某、杨某承担瑕疵担保义务问题,申请人以登记于被申请人名下的股权于2017年5月被变更为由,主张被申请人违反瑕疵担保义务是错误的。

瑕疵担保义务成立要求“瑕疵”发生在“交付”之前,如果所谓“瑕疵”发生在交付之后,则应适用标的物风险负担转移的规则,由买受人承担“毁损、灭失的风险”。本案中,申请人未明确其主张被申请人负有瑕疵担保义务的法律依据,我国法律规定也没有直接出现“瑕疵担保义务”的条款,与之相关的只有原《合同法》第150条“出卖人就交付的标的物,负有保证第三人不得向买受人主张任何权利的义务,但法律另有规定的除外”及第153条“出卖人应当按照约定的质量要求交付标的物。出卖人提供有关标的物质量说明的,交付的标的物应当符合该说明的质量要求”的规定。根据上述规定及原《合同法》第142条的规定,应由买受人承担。

6. 申请人的仲裁请求无事实依据和法律依据。申请人要求解除《股权转让协议》,但申请人未明确其事实和法律依据。被申请人认为,申请人既不享有约定解除权,也不符合原《合同法》第 94 条行使法定解除权的情形,《股权转让协议》中,仅第 9.2 条约定了李某某可以单方解除协议的情形,(2016)中国贸仲京字第××××号裁决书已经确认申请人李某某不享有该单方解除权,并驳回了申请人要求解除《股权转让协议》的仲裁请求。《股权转让协议》中被申请人史某、杨某的义务除了向申请人交付标的股权外无其他义务,(2016)中国贸仲京字第××××号裁决书也已经认定被申请人史某、杨某于 2014 年 8 月 1 日向申请人李某某交付空白《股权转让文书》时已经履行了股权交付义务。此外,虽然(2016)中国贸仲京字第××××号裁决书认定"股权转让行为处于未完成状态",但同时该案裁决也认定了"史某、杨某已经履行本案协议项下的义务",还认定"股权转让行为处于未完成状态系李某某一直怠于行使权利,未在《股权转让文书》上签字导致的"。

7. 申请人李某某因无权要求解除《股权转让协议》,进而无权要求被申请人返还首付款人民币 1,781,280 元和已支付的利息 12,023,640 泰铢,亦无权要求不再支付剩余股权转让款 160,315,200 泰铢及月利息 2,404,728 泰铢。申请人第二项仲裁请求中"被申请人史某、杨某因提起仲裁而发生的费用人民币 342,709 元、5,413,185.5 泰铢不再支付"部分属于重复提起的仲裁请求,不属于本次仲裁受理范围,且与(2016)中国贸仲京字第××××号裁决书的生效裁决书相违背,请仲裁庭驳回。申请人第三项、第四项仲裁请求所涉仲裁费、保全费及律师费应由申请人自行承担,且申请人律师费金额高于律师代理费合理标准,该笔律师费不是合理支出费用,请仲裁庭予以驳回。

针对被申请人的答辩意见,澍泽律师向仲裁庭提出如下代理意见:

1. 被申请人史某、杨某的行为构成根本违约,申请人李某某有权解除合同。

申请人李某某向仲裁委提交的第四组证据《股权转让协议》中第1.2

条记载,被申请人史某、杨某合计拥有航空公司 24.74% 股权,其中史某持有 14%、杨某持有 10.74% 股权;但依据申请人李某某提供的第七组证据泰国 DBD 在 2017 年 5 月 15 日出具的航空公司股东名册记载,杨某持有 10% 股权;史某已经不在股东名册中;申请人李某某提供的补充证据第一组证据泰国 DBD 于 2017 年 6 月 14 日出具的股东名册记载,史某不持有航空公司的股权、杨某的仅持有 5% 的股权。被申请人史某、杨某在事实上和法律上均已没有履行股权转让协议的能力,该股权转让协议的履行已成为不可能。依据申请人李某某与被申请人史某、杨某签订的《股权转让协议》第 1.3 条约定被申请人史某、杨某对其转让的股权应享有完全处分权,保证其转让的股权未设立任何质押等担保,未涉及任何争议、诉讼。但被申请人史某、杨某于 2017 年 7 月 14 日因股权纠纷在泰国提起刑事诉讼。

依据《股权转让协议》第 1.3 条约定和原《合同法》第 132 条"出卖的标的物,应当属于出卖人所有或者出卖人有权处分"的规定,被申请人史某、杨某应保证对其所持有的股权享有完全处分权,且无任何权利瑕疵、不涉及任何诉讼或争议。但被申请人史某不持有航空公司的股权、杨某仅持有 5% 的股权不符合协议约定的 24.74% 股权,被申请人史某、杨某对其转让的股权不享有完全处分权,违反了协议约定。同时被申请人史某、杨某在泰国提起刑事诉讼,违反了合同第 1.3 条"未涉及任何争议及诉讼"的约定。由于被申请人史某、杨某的违约行为,导致申请人李某某的合同目的无法实现,申请人李某某有权解除合同。

2. 申请人李某某要求被申请人史某、杨某返还已付款、赔偿损失且不再支付剩余款项有事实和法律依据。

由于被申请人史某、杨某对其转让的股权不享有处分权,股权有瑕疵,导致申请人李某某无法完成股权过户,致使申请人李某某无法取得股权的所有权,给申请人李某某造成了巨大的经济损失。其一,申请人李某某向仲裁庭提交的证据认定申请人李某某于 2014 年 7 月 25 日支付款项人民币 1,781,280 元;认定申请人李某某自 2014 年 7 月 18 日每月支付利息2,404,728泰铢，已经支付5个月的利息共计12,023,640泰铢。被申请人史某、杨某除应返还前述申请人李某某已经支付的款项外，还应按照银行同期贷款利率支付自申请人李某某付款之日起至返还之日止的利息。其二，该裁决书裁决申请人李某某应支付剩余股权转让款及相应费用，因为被申请人史某、杨某对其转让的股权不享有处分权，股权有瑕疵，已经无法完成股权变更过户，若申请人李某某继续支付应支付剩余股权转让款及相应费用，将会给申请人李某某造成更大的损失。其三，由于被申请人史某、杨某对其转让的股权不享有处分权、股权有瑕疵导致申请人李某某无法完成股权变更，申请人李某某多次与被申请人史某、杨某协商未果，聘请律师采取法律手段保障自身合法权益，产生律师费用150万元。

根据原《合同法》第107条“当事人一方不履行合同义务或者履行合同义务不符合约定的，应当承担继续履行、采取补救措施或者赔偿损失等违约责任”、第110条“当事人一方不履行非金钱债务或者履行非金钱债务不符合约定的，对方可以要求履行，但有下列情形之一的除外：(一)法律上或者事实上不能履行……”之规定，由于被申请人史某已经不持有航空公司的股权、杨某仅持有5%的股权，无论是从实质上还是法律上，均无法完成股权变更，已经不能继续履行合同义务，实现合同目的，因此申请人李某某有权要求被申请人史某、杨某赔偿损失。

综上，请仲裁庭支持申请人李某某的仲裁请求。

本仲裁案审理期间，被申请人以标的股权因他人的涉嫌犯罪行为而灭失或减少且已向泰国警方提起刑事诉讼为由，要求本仲裁案中止审理。本案如果中止审理，被申请人有可能会依据已经生效的仲裁裁决要求申请人支付剩余未付的股权转让款，将导致在股权未变更的情况下申请人支付了全部股权转让款，面临申请人既不能取得股权所有权，还要支付全款的不利局面；另外，如果被申请人申请强制执行，申请人被采取执行措施，个人征信产生不良记录，给申请人的声誉造成不良影响。为此，澍泽律师及时向仲裁庭发表如下代理意见：

1. 本仲裁案不适用"先刑后民"原则,故不应以此为由中止本仲裁案的审理或驳回申请人的仲裁请求。

本仲裁案审理期间,被申请人以标的股权因他人的涉嫌犯罪行为而灭失或减少且已向泰国警方提起刑事诉讼为由,要求本仲裁案中止审理。申请人认为,被申请人的此项请求,没有法律依据,不符合"先刑后民"原则的适用条件,应当依法予以驳回。

被申请人以其在泰国提起诉讼为由向仲裁庭申请中止审理,但被申请人未向仲裁庭提交经使领馆认证的刑事案件起诉书、泰国法院初级聆讯传票等证据材料,被申请人在泰国提起诉讼的事实是否真实存在请仲裁庭进行核实。澍泽律师基于被申请人在泰国提起诉讼是真实的前提下发表代理意见。

(1)关于"先刑后民"原则的实质意义。

所谓"先刑后民"原则,是指在一个案件中,出现了可能同时违反刑事法律规范和民事法律规范的情况时,应当优先审理刑事案件的裁判原则。

"先刑后民"原则的本质意义是,只有在一个案件中即涉及刑事法律关系,又涉及民事法律关系,导致刑事案件和民事案件相互关联,且刑事案件的判决直接影响民事案件责任认定的情况下,优先审理刑事案件。换言之,也即同一案件、同一法律关系,同时涉及刑事犯罪与民事纷争时,法律才赋予刑事诉讼相对优先权。否则适用该原则,将除了增加司法成本和浪费司法资源外,毫无实际意义。

(2)本仲裁案不符合适用"先刑后民"原则的基本条件。

本仲裁案是合同纠纷案件,其基础法律关系是股权转让法律关系,一方转让股权,另一方受让股权,这个法律关系本身不存在违法犯罪问题,是纯民事法律关系。而无论标的股权不能交付的原因为何,均不影响被申请人承担违约责任的法律后果。至于标的股权的灭失或减少,是案外人的涉嫌犯罪的行为所致,还是被申请人与案外人间的民事纠纷所致,均对本仲裁案的审理与裁判不构成任何影响。这种情形完全与《最高人民法院关于在审理经济纠纷案件中涉及经济犯罪嫌疑若干问题的规定》(1998 年)第 1 条规定情形相一致。该条明确规定:“同一公民、法人或其他经济组织因不同的法律事实,分别涉及经济纠纷和经济犯罪嫌疑的,经济纠纷案件和经济犯罪嫌疑案件应当分开审理。”基于被申请人不能交付合同标的物的事实,形成了本仲裁案,其法律关系的基础是申请人与被申请人间的股权转让法律关系,事实基础是被申请人不能交付股权;被申请人主张的标的股权灭失或减少是案外人的涉嫌犯罪行为所致,其法律关系的基础是被申请人与案外人间的侵占法律关系,事实基础是标的股权权属出现争议,被申请人据此事实另案提起刑事诉讼。

因此,两个案件的事实基础不同,法律关系各异,两个案件的处理结果互不影响。刑事案件中案外人的行为是否构成犯罪,对本仲裁案的处理结果不产生任何实质性的影响,刑事案件定罪与否均不能改变被申请人不能履行合同的事实,本仲裁案的处理结果不会因为刑事案件的处理结果而产生变化。同时,本仲裁案的处理结果更不会与刑事案件的处理产生冲突。至于被申请人在本仲裁案中承担民事责任后,如果产生损失,其完全可以在刑事案件审结后,向犯罪人主张赔偿,或依法提起刑事附带民事诉讼。

申请人向仲裁庭出示的被申请人史某、杨某填写的空白转让文书的原件,足以证明被申请人史某、杨某认为其股权减持的原因是申请人利用空白转让文书导致被申请人史某、杨某的股权减少与事实不符。

综上分析,被申请人关于本仲裁案应当中止审理的理由不能成立,本案应当继续审理并做出裁决。

2. 被申请人不能交付标的股权的行为是根本违约行为。

被申请人因股权灭失或减少而不能履行合同。这种情况下,本仲裁案只需要查明标的股权已经灭失或减少的事实是否存在就足够了,而无须审查股权灭失或减少的原因是什么。因为,无论标的股权灭失或减少的原因是什么,均不能否定被申请人已不能履行合同的事实,而这个事实才是本仲裁案的关键点。

本仲裁案合同的标的是股权,交付股权是被申请人的合同义务,在双方签订的股权转让合同中,被申请人也已做权利保证,保证其股权不存在任何瑕疵(包括因股权权属争议而产生诉讼)。因此,无论是何种原因造成的标的物灭失或减少,都将导致一个后果,那就是被申请人不能向申请人交付标的物,即不能全面履行合同。申请人在2014年与被申请人签订股权转让协议,是根据当时的商业需要而签订的。但股权转让协议签订至仲裁时,已经3年多的时间协议约定的股权一直未过户至申请人名下,且被申请人的股权已经减少且涉及诉讼,事实上和法律上均不能完成过户行为。目前的商业和经济形式与2014年签订股权转让协议时已经不同,时至今日申请人购买股权的合同目的已经无法实现。被申请人股权减少且在泰国提起诉讼,进一步证明被申请人不享有股权的完全处分权。被申请人不能交付标的物,就是不能履行合同,不能履行合同就是违约,而这一违约行为,又属于典型的根本违约行为,它导致了申请人的合同目的不能实现,合同目的无法实现,是法定的解除合同的条件,因此,申请人解除合同的请求,应当依法得到支持。

另外,标的股权出现权属争议的事实,也恰恰证明了被申请人还存在另一违约行为,因为股权转让合同中,被申请人是做了权利保证的,而且明确保证标的股权的权属不存有任何争议和诉讼。现在出现了权属争议,足以表明其权利保证是不真实的,是有瑕疵的,这当然是一种严重的违约行为,而且也属于根本违约。

综上,澍泽律师认为,本仲裁案依法应当继续审理,申请人合法权益依法应当受到保护,其仲裁请求有事实依据和法律依据应当得到支持。

**【仲裁情况】**

仲裁庭于2018年9月11日就本案作出裁决,仲裁庭意见如下:

1. 前裁决中已经查明并确认,拉某达先生是标的公司有签字权的董事;而且更新标的公司股权的内部备案文书(books)以及向泰国DBD提交股权变更登记请求均应由且只能由标的公司有签字权的董事办理。基于此，仲裁庭确认拉某达先生是办理标的股权转让事宜的、标的公司的被授权人员。在此情况下，抛开拉某达先生是否能够通过《9.21 声明》有效否认其曾确认过被申请人所持有之24.74%标的股权这一事实不谈，《9.21 声明》本身就可以充分反映出在被申请人是否有效持有24.74%标的股权的权属问题上，拉某达先生是有异议及不认同被申请人之主张的。

2. 关于被申请人最初是如何从本案之外第三人处获得的标的股权，其是否已经向标的股权的初始转让方全额支付了该股权转让款，其是否与作为标的股权初始转让方的本案案外第三方或其他相关主体之间存在着有关标的股权的纠纷，及在如果存在争议或纠纷情况下其与相关当事人间的谁是谁非，谁应承担责任等问题，及对相关争议和纠纷的判断，均已超出了本案仲裁庭审理及管辖的范围。根据泰国 DBD 于 2017 年 6 月 14 日出具的标的公司股东名册显示，届时只有第二被申请人持有 5% 的标的股权。这显然与被申请人根据《股权转让协议》应向申请人转让24.74%标的股权的规定严重不符。虽然仲裁庭无权确定被申请人最终是否可以依法享有该24.74%标的股权；但泰国 DBD 至少说明按官方登记文件显示，被申请人并不享有标的公司24.74%的股权，并且在关于被申请人是否及能否合法持有标的公司24.74%股权的权利归属上存在客观的、不可否认的争议，而这显然属于根据我国原《合同法》第 150 条及被申请人在《股权转让协议》第 1.3 条和第 2.2 条项下所承担的权利担保的范畴。

综上，仲裁庭认为被申请人的前述主张不能作为得以排除根据我国原《合同法》及《股权转让协议》规定其应承担之权利担保义务的有效理由。

3. 关于在前裁决作出后所发生的被申请人持有之标的股权的被变更是否系申请人通过欺骗手段与他人共谋或实施的问题。被申请人称，其所持有标的股权的变更是申请人谋划并通过欺骗手段实施的。仲裁庭认为,如果被申请人所述属实或能够以证据充分证实,则申请人无权以被申请人所转让标的股权权属存在争议进而违反了《股权转让协议》规定之权利担保义务为理由主张解除《股权转让协议》。

仲裁庭注意到被申请人支持其上述主张的主要依据是:

(1)被申请人称,拉某达先生于2018年1月9日联系了被申请人在泰国的联系人宋某东,并告知宋申请人为了去掉被申请人的股权,在被申请人不知情的情况下强行把被申请人在2013年7月至12月购买股权的多笔款项的票据作为了自己的支付凭证使用,以此说服拉某达先生拿掉了被申请人的标的股权,导致了2017年5月被申请人的标的股权合计减少了19.74%。申请人谋划实施上述行为的目的就是以此为由解除《股权转让协议》。

仲裁庭注意到,被申请人对上述事实的描述仅限于其单方面的说辞,而未能提供任何证据加以佐证。因此,仲裁庭对于被申请人的上述主张不能采信及支持。

(2)被申请人认为,申请人具有恶意串通或欺骗拉某达非法转让被申请人标的股权的动机,以逃避对前裁决的执行。此外,申请人作为标的公司的股东和董事,对此非法变更被申请人标的股权的事件应当全部知情,因此无法排除其与拉某达先生合谋恶意非法变更被申请人持有之标的股权的嫌疑。

仲裁庭认为,被申请人的上述指称是建立在其单方推论基础上的怀疑。被申请人未能向仲裁庭提供任何证据对其前述推论、主张的真实性加以证明。在此情况下,仲裁庭不能基于被申请人单方的推论、怀疑就认定申请人筹划、实施了非法变更被申请人标的股权的行为,或者其串通了拉某达先生共同实施了对被申请人标的股权的非法变更。

(3)仲裁庭注意到,2017年7月,被申请人将本案之案外第三人拉某达先生及邓某琼作为第一被告和第二被告在泰国法院提起了刑事诉讼,理由是:被申请人怀疑申请人利用自己的条件将争议的标的股权变更为自己或其认可的第三人的股权,怀疑申请人与案外人拉某达先生勾结合谋制造了本案的非法证据,怀疑申请人侵占了其于 2013 年 7 月支付的标的股权转让款。为此,被申请人多次要求仲裁庭中止本案审理,待该刑事案件审理终结及查明了标的股权的去向后,再恢复本案的审理。被申请人告知仲裁庭泰国法院已经定于 2018 年 3 月 5 日上午 9 点举行该刑案的初级聆讯。

为慎重起见,仲裁庭在没有同意中止本案审理程序的情况下,实际上将本案审理的程序展延到了 2018 年 3 月 5 日。

然而,被申请人在其 2018 年 3 月 6 日提交的《质证意见》中告知仲裁庭,经拉某达先生申请泰国法院将原定于 2018 年 3 月 5 日举行的初级聆讯时间延后到了 2018 年 4 月,具体时间待定。鉴于此,仲裁庭于 2018 年 3 月 22 日通知申请人、被申请人双方,将申请人、被申请人双方提供证据的时间迟延至 2018 年 4 月 15 日;同时决定:(1)申请人、被申请人双方应对该刑案之初级聆讯的性质、作用发表意见;(2)如果到 2018 年 4 月 9 日仍不能确定迟延后初级聆讯的具体时间,则被申请人应在 2018 年 4 月 15 日告知仲裁庭不能确定初级聆讯新日期的原因。仲裁庭将据此决定仲裁程序下一步如何进行。

此后,2018 年 4 月 9 日,被申请人函至仲裁庭,称初级聆讯于 2018 年 3 月 5 日正常举行。但由于被告邓某琼缺席,法庭当庭宣布将初级聆讯时间推后到 2018 年 4 月,具体时间另行通知,但法庭未就此出具任何书面通知。同时,被申请人允诺其在有关标的股权去向的证据形成后再向仲裁庭提供该证据。

然而,申请人在其于 2018 年 4 月 15 日向仲裁庭提交的意见中称,据其了解,泰国法院将原定于 2018 年 3 月 5 日举行的初级聆讯日期变更为了 2018 年 2 月 19 日举行。但作为该刑案原告的被申请人却缺席了该初级聆讯,同时也没有通知法院其缺席聆讯的理由及未提出推迟审理的请求。所以,泰国法院在《审理报告》中称:“……所以必须根据《刑事诉讼法典》第 166 条第 1 款的规定驳回原告的诉讼。”申请人同时向仲裁庭提交了泰国法院于 2019 年 2 月 19 日向该刑案原告、被告出具该法院《审理报告》的泰文文件及中文翻译文件证据。申请人认为,被申请人所述与事实不符,且被申请人隐瞒了其已经收到了泰国法院驳回了该诉讼文书的事实。

2018 年 4 月 5 日,被申请人致函仲裁庭称其于 2018 年 2 月 25 日至 3 月 6 日的初级聆讯期间在泰国,但是被申请人并未就申请人所述该刑案已被泰国法院驳回及申请人提供的相关证据予以任何正面回应。显然,泰国法院刑案初级聆讯的改期事宜、改期原因,及该刑案的现状及后续情况,申请人、被申请人双方各执一词且截然相反。此后,申请人、被申请人双方未再就该泰国刑案进一步发表任何意见,未提供任何进一步信息,未提交任何进一步证据。

综上,仲裁庭认为,证据显示,泰国刑案的被告并不是本案申请人而是本案的案外人。因此,即使该刑案与本仲裁案件有关联,也不足以影响本仲裁案件的正常审理。仲裁庭认为,泰国刑案提起以来至今已经一年有余,被申请人并未能通过该刑案以任何形式及角度得以合理证明被申请人之标的股权被减少是申请人的非法的行为所致;及未能证明申请人以任何形式参与了谋划及实施该非法行为。然而,该刑案却从另一个角度印证了或直接证明了在有关被申请人持有或原持有之标的股权的权属上确实存在争议,确实涉及了相关诉讼。

至此,结合仲裁庭就上述申请人、被申请人提出的答辩主张、理由分别发表的意见,就申请人是否有权解除《股权转让协议》事宜,仲裁庭综合意见如下:

根据原《合同法》第 150 条有关权利担保的规定,以及《股权转让协议》第 1.3 条和第 2.2 条明确、具体的规定,被申请人对标的股权的权利担保义务含有两个方面含义或内容。(1)被申请人应保证对其自己所拟转让或已转让的标的股权享有完整的所有权;(2)同时被申请人亦应对其拟转让或已转让之股权上不存在任何在转让前未曾向申请人披露之附加的第三者权益或该标的股权上不存在任何瑕疵,且不涉及任何争议、诉讼。也就是说,即使假设申请人对标的股权最终享有所有权,如果该标的股权上存有上述附加权益或涉及了争议、诉讼,则被申请人亦同样违反了原《合同法》及《股权转让协议》项下其所承担的权利担保义务。

本案中,在被申请人是否对标的股权最终享有所有权的问题上是不确定的,但对此争议的确定或认定不属本案仲裁庭管辖。从本案目前证据看,被申请人并不对标的公司享有24.74%的标的股权,而且在被申请人所拟转让或转让之标的股权的权属上存在争议并涉及了诉讼,而且被申请人至今仍未能采取有效手段消除争议则是可以确定的事实。仲裁庭认为,无论被申请人最终是否对标的股权享有所有权,无论在其标的股权被减少之事实上其有无责任、过失,泰国DBD文件显示的被申请人持有标的股权的信息及有关这些争议、诉讼存在的本身就证明被申请人违反了依据原《合同法》及《股权转股协议》其所承担的权利和担保义务。仲裁庭还注意到,《股权转让协议》下的买卖标的是标的公司的股权,即是一种权利标的。就此标的属性而言,该权利的归属及该权利上不存在任何争议或不涉及任何诉讼就更为重要了。此外,被申请人并未主张或未能证明其本案交易时就将此可能的潜在争议向申请人做过披露。就目前证据而言,泰国DBD中标的公司股权登记信息显示,申请人仅仅持有5%标的股权。合理的理解是被申请人目前无能力向申请人合法地转让24.74%标的股权,而就此标的股权减少的原因或相关事实问题,被申请人与本案案外第三人存在争议且涉及了诉讼。因此,仲裁庭认为被申请人违反了《股权转让协议》第1.3条及第2.2条的明确规定,构成了严重违约,申请人有权基于被申请人的严重违约行为解除《股权转让协议》。

仲裁庭注意到,被申请人称在本案《股权转让协议》解除后,一旦最终确定被申请人的标的股权确属被人非法变更及与申请人有直接关系,则可能对其造成不可挽回的损失。仲裁庭认为,《股权转让协议》中的相关规定是明确、具体的,并未附加任何其他条件。一旦发生被申请人所述情况,则被申请人应依适当法律直接向发生争议的相关责任人寻求适当的法律救济，而这已经超越了本案仲裁庭的管辖范围。

4. 关于申请人要求被申请人返还其已付股权转让款及已付利息的仲裁请求。

申请人在其第一项仲裁请求中要求被申请人返还其已经依约支付的首期股权转让款人民币5,781,280元及其已经支付的5个月利息，合计12,023,640泰铢。并要求被申请人支付自实际付款日起至被申请人实际还款日止按银行同期贷款利率计算的利息。

关于申请人已付的首期股权转让款金额，申请人引证了前裁决中对其已于2014年7月25日通过中信银行向被申请人汇款人民币1,781,280元的确认。对此付款事实，仲裁庭予以确认。

关于申请人已向被申请人支付了合计12,023,640泰铢利息的事实，申请人同样引证了前裁决对此付款事实的确认，即本案申请人已于2014年7月18日起每个月向本案被申请人支付月息2,404,728泰铢，已付5个月利息共计12,023,640泰铢。对此付款事实，仲裁庭予以确认。

仲裁庭认为，在已确认申请人有权解除《股权转让协议》的前提下，申请人有权要求被申请人返还其已经支付的股权转让款和上述利息。

关于申请人要求被申请人就上述款项再支付相应利息的请求，仲裁庭认为申请人有义务向仲裁庭提供要求被申请人支付的理由及其所要求支付利息之本金的分项起止时间及银行同期的具体贷款利率明细。虽然仲裁庭在本案第二次庭审时明确要求申请人明确其具体的仲裁请求，但是申请人仍仅限于原则性地提出了利息的支付请求。因此，仲裁庭不能支持申请人的此项利息请求。

5. 关于申请人的第二、三、四项仲裁请求。

申请人第二项仲裁请求是要求裁决其无须再支付尚未支付的股权转让款160,315,200泰铢，及尚未支付的第6个月应付利息2,404,728泰铢。对于前述金额，前裁决中已经确认，本案仲裁庭予以认可。鉴于仲裁庭已经裁定申请人有权解除《股权转让协议》。因此，申请人无须继续向被申请人支付前述尚未支付的股权转让款及利息。

而对于申请人第二项仲裁请求中要求仲裁庭认定其不用再向被申请人支付仲裁费用人民币342,709元及5,413,185.5泰铢的请求，申请人未就此向仲裁庭提供任何解释、说明，且未提供任何证据材料，仲裁庭对该项请求不予支持。

关于申请人的第三项仲裁请求，仲裁庭认为本案的仲裁费应由被申请人全部承担。而关于保全费，申请人未提供任何说明、证据，仲裁庭不予支持。

关于申请人的第四项仲裁请求，即其为本案支出的150万元人民币的律师费，申请人提供了相应的付款凭证，被申请人质疑该律师费的真实性及合理性。结合本案的审理情况，仲裁庭认为申请人发生本案中所请求金额之律师费应是正常且并非不合理的。仲裁庭支持申请人的此项仲裁请求。

基于上述评析意见，仲裁庭裁决如下：

1. 解除申请人与第一被申请人和第二被申请人于2014年7月23日签订的《股权转让协议》。

2. 第一被申请人、第二被申请人共同向申请人返还首付款人民币1,781,280元，已支付的利息12,023,640泰铢。

3. 申请人不再支付未支付的股权转让款160,315,200泰铢、利息2,404,728泰铢。

4. 本案仲裁费人民币541,843元，由第一被申请人和第二被申请人承担。鉴于上述仲裁费已由申请人全额预缴，故第一被申请人、第二被申请人应向申请人支付人民币541,843元，以补偿申请人代其垫付的仲裁费。

5. 第一被申请人、第二被申请人共同向申请人偿付律师费损失人民币1,500,000元。

6. 驳回申请人的其他仲裁请求。

上述第一被申请人、第二被申请人应支付的款项，应自本裁决作出之日起45日内履行完毕。

本裁决为终局裁决,自作出之日起生效。

**【办案心得】**

本案是一起典型而又特殊的股权转让纠纷案件。第一个特殊性是,实践中多发的股权转让纠纷都是发生在国内,而本案发生在泰国,因此在法律适用上不仅适用中国法律,还涉及泰国法律;第二个特殊性是,本案被申请人将本案之案外第三人拉某达先生及邓某琼作为第一被告和第二被告在泰国法院提起了刑事诉讼,涉及"刑民交叉"的法律问题。案件的两个特殊性对于代理律师综合运用法律与证据提出了更高要求,澍泽律师的团队在此案中发挥了明显作用,多次集中对本案所涉及事实、法律问题进行讨论与汇总意见,最终形成了被实践证明是正确的代理思路和代理观点。

在本案的办理过程中,澍泽律师深感责任重大,压力很大。一方面是被申请人已向仲裁委员会提起仲裁,且其诉求得到仲裁委员会的支持;另一方面是本案涉及标的额巨大,一旦败诉,委托方将面临巨大的经济损失。因此委托方将全部希望寄托到澍泽律师身上。为此,澍泽律师在接受委托后,义不容辞,立即成立跨国办案专家小组开展工作。最后,在澍泽团队坚持不懈的努力下,仲裁委员会基本支持了委托方的诉讼请求,被申请人向委托方返还首付款人民币1,781,280元,已支付的利息12,023,640泰铢,且本案150万元人民币律师费由被申请人承担。澍泽律师最终为委托方避免了巨大损失,圆满实现诉讼目的,委托方对办案结果十分满意。

**【启示与提醒】**

对股权受让方而言,为规避相应法律风险,建议如下:

1. 受让股权前要进行尽职调查。尽职调查要尽可能详细,调查的重点包括以下三方面:一是公司的主体合法性问题,特别是股东持有的股权合法性问题以及按照法律或公司章程中是否有限制股权转让的规定；二是原股东的出资缴纳和验资情况，防止出现出资不实、抽逃出资的情况；三是公司的债权债务和资产、财务状况，可以聘请专业的会计师事务所进行，调查的关键是股东隐瞒或者未披露的债务问题。

2. 股权转让合同要明确约定逾期办理工商变更的违约责任，可以约定按逾期每日一定固定数额或者按照转让价款一定比例（如等同于银行贷款利率的万分之五）的方式计算违约金，加大对出让方违约责任的惩罚力度促使其及时办理变更。

3. 要及时与出让股东外的其他股东联系，了解他们对股权出让的态度，是否同意股权转让给股东外第三人，是否行使优先购买权。必要时可要求参加公司的股东会表决，实时监督。另外，在签订股权转让协议时，务必要求出让方出具关于公司股东会同意股权转让的书面证明。

4. 在前期意向性协议及股权转让合同中明确约定，如果由于出让方的原因导致转让无法履行的，应当赔偿所发生的全部损失及评估、调查等费用。

5. 尽量采取先办理工商变更再付款的方式来确保股权转让资金的安全。

6. 在合同中约定出让方逾期不办理工商变更登记的属于合同重大违约，受让方有权单方解除合同并且出让方应当返还全部已付资金并承担全部损失赔偿义务。

**【法条链接】**

**《民法典》**

**第五百六十三条** 有下列情形之一的，当事人可以解除合同：

（一）因不可抗力致使不能实现合同目的；

（二）在履行期限届满前，当事人一方明确表示或者以自己的行为表明不履行主要债务；

（三）当事人一方迟延履行主要债务，经催告后在合理期限内仍未

履行;

(四)当事人一方迟延履行债务或者有其他违约行为致使不能实现合同目的;

(五)法律规定的其他情形。

以持续履行的债务为内容的不定期合同,当事人可以随时解除合同,但是应当在合理期限之前通知对方。

**第五百七十七条**　当事人一方不履行合同义务或者履行合同义务不符合约定的,应当承担继续履行、采取补救措施或者赔偿损失等违约责任。

**第五百九十七条**　因出卖人未取得处分权致使标的物所有权不能转移的,买受人可以解除合同并请求出卖人承担违约责任。

法律、行政法规禁止或者限制转让的标的物,依照其规定。

**第六百零四条**　标的物毁损、灭失的风险,在标的物交付之前由出卖人承担,交付之后由买受人承担,但是法律另有规定或者当事人另有约定的除外。

**第六百一十二条**　出卖人就交付的标的物,负有保证第三人对该标的物不享有任何权利的义务,但是法律另有规定的除外。

# 十四、基金公司工作人员为其销售的基金合同提供担保的效力认定

## ——常某、周某与张某保证合同纠纷案

**【基本案情】**

案由:保证合同纠纷

上诉人(一审被告):周某

代理人:天津澍泽律师事务所

上诉人(一审被告):常某

被上诉人(一审原告):张某

周某系某资产管理有限公司(以下简称资产管理公司)销售人员,常某系周某的上级领导,张某因家庭理财结识周某。张某经常通过周某购买资产管理公司基金产品。2018 年 4 月 25 日,张某又通过周某得知资产管理公司正在售卖的一款基金产品收益颇丰,希望购买。该产品预计收益可观,但也存在相应风险。张某希望购买该产品,但为了避免基金风险,要求周某、常某二人为其出具保证。因为张某欲申购基金数额较大,周某、常某二人也希望通过该产品的销售提高工资提成,因此二人共同向周某出具担保函。同时,张某与资产管理公司、某证券股份有限公司(以下简称证券公司)签订了《××××尊享三号 FOF 私募投资基金合同》(以下简称《基金合同》),基金管理人为资产管理公司,托管人

为证券公司,投资人为张某。

《基金合同》约定:张某认购××××尊享三号 FOF 私募投资基金(以下简称某基金)1,000,000 元。基金自成立之日起,每个自然月 25 日为固定开放日,固定开放日投资者可以申购参与某基金,也可以申请赎回某基金。投资者可根据《基金合同》约定及募集机构的要求申请赎回基金份额,赎回价格以当期开放日基金份额净值(扣除应计提的业绩报酬后)计算。赎回时间拟在当期开放日赎回基金份额的投资者应于当期开放日前的第 10 个工作日至第 1 个工作日(T－10 至 T－1,T 为当期开放日)向募集机构提交书面赎回申请,管理人于开放日当日正式受理赎回申请。《基金合同》还约定了其他事项。上述合同签订后,张某申购某基金 1,000,000 元,资产管理公司于 2018 年 4 月 25 日向张某出具《产品认购/申购确认函》,该确认函载明"根据××××尊享三号 FOF 私募投资基金合同(合同号:XHTS32018××××)规定,该投资基金于 2018 年 4 月 25 日起开始生效。您的认购/申购金额为:人民币(大写)壹佰万元整,人民币(小写)¥1,000,000 元。委托期限为 12 个月,逾期年化收益率 13%。收益分配方式券商承担 8.4%,公司补贴 4.6%……"

常某、周某向张某出具的《担保函》载明:"一、担保内容,担保人就张某与资产管理公司所签订的××××尊享三号 FOF 私募投资基金合同(合同号:XHTMLS32018××××)自合同签订之日起提供无条件和不可撤销的连带担保责任,此担保附加合同是该合同不可分割的一部分。二、保证担保范围,在基金管理人或托管人不履行基金合同责任和义务时,张某享有直接要求担保人履行的权利,担保人负有无条件代为履行的责任和义务。在基金合同项下因基金管理人或托管人到期无法兑付的本金及相应收益不低于人民币 113 万元(壹佰壹拾叁万元整),以及采取法律手段追究基金管理人或托管人的违约责任而花费的一切费用(包括但不限于诉讼费、律师费)担保人自愿承担连带担保责任。"周某、常某在该担保函担保人处签字捺印。

上述基金到期后,张某的基金赎回仅得 860,696.52 元,张某遂找到周某、常某二人，要求二人向自己履行保证责任，补齐基金本金及相应收益。周某、常某二人拒绝履行保证责任，张某不悦，向天津市西青区人民法院提起诉讼，请求判令常某、周某履行担保约定，赔偿本金及收益269,303.48元。

**【一审情况】**

天津市西青区人民法院审理认为，张某与案外人证券公司、资产管理公司签订的《基金合同》合法有效，张某申购某基金，常某、周某出具书面担保函，承诺对投资款本金及收益不低于1,130,000元无法兑付的部分承担连带责任。现张某投资款及收益仍有269,303.48元不能兑付，常某、周某应当按照担保函承诺对此款承担连带给付责任，故张某的诉讼请求应予支持。

综上，依照原《合同法》第60条第1款、原《担保法》第18条之规定，判决常某、周某于本判决发生法律效力之日起10日内给付张某投资款本金及收益269,303.48元。

**【澍泽代理】**

周某不服一审判决，委托澍泽律师为其代理人，向天津市第一中级人民法院提起上诉，诉请：(1)依法撤销原判决，改判驳回一审原告的全部诉讼请求，或者将本案发回重审；(2)一审、二审案件受理费由张某承担。

接受委托后，澍泽律师通过对同类基金合同的研读、一审民事判决书的研究，发现本案的上诉理由事实认定不清，适用法律错误。澍泽律师认为，导致本案错判的根本原因系一审法院对“主从合同关系”“合同无效情形”等合同法基本原则的忽视。针对一审认定事实和适用法律错误的问题，澍泽律师向天津市第一中级人民法院提出如下上诉意见：

1.《担保函》无效。

张某与资产管理公司、证券公司签订《基金合同》，各方为基金合同关系；周某、常某出具《担保函》，各方为担保合同关系。担保人的担保承诺产生约束力的前提是担保行为合法有效。关于民事法律行为的效力问题,我国原《民法总则》第143条规定:“具备下列条件的民事法律行为有效:(一)行为人具有相应的民事行为能力;(二)意思表示真实;(三)不违反法律、行政法规的强制性规定,不违背公序良俗。”违反效力性强制性规定的民事行为无效。

我国《证券投资基金法》以及《私募投资基金监督管理暂行办法》等相关规定,明确禁止承诺基金收益率的行为,该规定属于效力性强制性规定。本案中,《担保函》第2项记载“在基金合同项下因基金管理人或托管人到期无法兑付本金及相应收益不低于RMB113万元(壹佰壹拾叁万元整)……担保人自愿承担连带担保责任”。可见周某、常某二人为张某出具《担保函》的目的即承诺基金收益,是为基金收益提供担保,该担保行为违反法律以及金融监管政策的效力性禁止性规定,属于无效民事行为。

一审判决将无效民事行为作为有效民事行为,并依此判决承担民事责任,属认定事实不清。

2. 担保合同系从合同,应以主合同约定债务为限。

我国原《担保法》第5条明确规定,担保合同是主合同的从合同。从属性是担保的基本属性,担保人承担的担保责任范围不应当大于主债务,是担保从属性的必然要求。当事人约定的担保责任的范围大于主债务的,如针对担保责任约定专门的违约责任、担保责任的数额高于主债务、担保责任约定的利息高于主债务利息、担保责任的履行期先于主债务履行期届满等,均应当认定大于主债务部分的约定无效,从而使担保责任缩减至主债务的范围。

本案中,《基金合同》为主合同,为《基金合同》的履行提供担保的《担保函》是从合同。作为主合同的基金合同不承诺收益,基于担保的从属性特征,担保范围也不得包含承诺收益的内容。即使上诉人周某和常某承诺对收益提供担保,该担保行为仍然因违反原《担保法》关于担保从属性的规定而无效。

一审判决对于超出主合同范围的担保予以确认,违反了原《民法总则》《担保法》,以及《证券投资基金法》相关规定,属于适用法律错误。

综上,即使提供担保的范围包括基金的收益率,由于该担保行为因违反效力性强制性规定而无效,一审判决未审查担保行为的合法性,直接认定应承担给付责任,认定事实不清,适用法律错误,恳请二审法院依法查明相关事实后予以改判,或者将本案发回重审。

**【二审情况】**

针对澍泽律师的上诉意见,张某提出以下答辩意见:

《担保函》是自愿签订、真实合法有效合同,一审判决应予维持。诚实守信是法律原则,应按照约定全面履行义务,而不是利用法律逃避责任。张某于 2018 年 4 月 25 日与资产管理公司签订《基金合同》,根据原《合同法》第 61 条的规定,合同生效后,当事人就质量、价款或者报酬、履行地点等内容没有约定或者约定不明确的,可以协议补充;不能达成补充协议的,按照合同有关条款或者交易习惯确定。

上诉人仅针对《基金合同》提出抗辩以达到不履行连带担保责任,而只字不提投资补充协议。张某与资产管理公司所签主合同是双方自愿约定,不违反国家法律、行政法规强制性规定,《产品认购/申购确认函》作为补充协议亦是《基金合同》生效后签发的文本文件,是主合同不可分割的一部分,并且确认函明确是契约型基金。契约是一种约定性的条款。按照交易习惯确定标的委托期限 12 个月,本金 100 万元,预期年化收益率 13% 的政策性补贴计算到期至少 113 万元;并在此基础上签订的担保合同,担保合同亦明确担保范围不低于 113 万元,且明确担保人负有无条件代为履行的责任和义务。

由此可见,担保范围和主债务范围对等最少是 113 万元,而不是常某诡辩的已兑付的 860,696.52 元。已兑付的 860,696.52 元由托管人汇入基金托管账户,113 万元与 860,696.52 元之间的差额 269,303.48 元应是资产管理公司从资产管理公司账户汇入的补贴款,此部分亦是应承担的连带担保责任范围。如果主债务合同是常某所述的860,696.52元已付清,资产管理公司也就不存在未兑付的款项,与一审庭审中所述资产管理公司承诺偿还(有微信证明),现正草拟偿还计划岂不自相矛盾。资产管理公司由于资金占用短期内无法全覆盖偿还,担保的诉讼时效决定可以等,张某不能等。原《担保法》规定担保人向债权人承担赔偿责任后,可以向债务人追偿。

上诉人作为专业基金从业人员肯定比张某专业,更不会知法犯法,否则就是明显的欺诈行为。

作为主合同的《基金合同》没有承诺基金本身收益率,约定的预期收益率补贴可以作为计算利息损失的标准。《担保函》里明确担保的不是"基金收益率"是"相应收益"。禁止对基金收益率承诺的行为是2016年4月15日发布的通知《私募投资基金募集行为管理办法》,其制定者是中国基金业协会。行业协会的管理办法不是全国人大及其常委会制定的法律和国务院制定的行政法规,不能以此作为认定合同无效的依据。周某直接援引行业自律的禁止性规则作为法律、行政法规,不存在法定无效情形,因此上诉状第2页辩称"对基金收益率做承诺的行为违反法律、行政法规的效力性禁止性规则属无效民事行为"不成立。该担保行为是有效民事行为,担保行为合法有效。

根据原《证券投资基金销售管理办法》第59条的规定,应当坚持投资人利益优先原则,不得损害基金投资人的合法权益。诚实守信和投资者利益优先原则是基金从业人员执业守则。如果没有担保,张某也不会购买该基金,因签订此合同而丧失了其他利益机会,如买信托还有9%收益。作为公司员工,担保金额至少113万元是明知而且是在明知的前提下同意承担保证责任,现在不同意承担有悖诚实信用的法律原则,不应予以支持。

开庭过程中,澍泽律师主要从基金合同的条款、担保函的担保范围、主债务的履行进度、担保合同的效力以及一审判决的指引性对市场秩序产生的影响这几个方面进行有力的论述。在庭后，澍泽律师结合本案的在案证据、法律法规、庭审情况等向二审法院提交以下书面代理意见：

1. 关于本案的基本事实。

(1)基金合同条款及张某当庭自认，证明张某明知“自担风险”。

《基金合同》第4页关于“投资者的声明与承诺”第3点明确投资者承担相应的投资风险，且张某当庭承认，在申购基金时，知晓“风险自担”；第6点明确“管理人、托管人及相关机构不应对私募财产的收益状况做出任何承诺或担保”。《基金合同》第57页“风险揭示书”第二条第(二)项明确“无法按意愿获得收益甚至亏损本金的风险”。

(2)申购确认函不承诺保本或者收益。

申购确认函所记载“预期年化收益率”，是私募基金占有市场、主动营销普遍采取的做法，且“预期”与“承诺”含义明显不同，没有歧义；“预期”仅是结合市场情况及以往情况等因素给出的参考，张某主张申购确认函是对收益的承诺，显然不能成立。

(3)担保函的担保范围以基金合同为限。

“基金管理人的职员”这一特定身份，使担保人负有“促成投资者对基金进行投资”的职责，而负有这一职责，是担保人在担保函签字的必要前提。张某作为“合格投资者”，在签订基金合同前，已经对投资基金需“自担风险”有明确的认知，其以“规避金融监管强制性规定”为目的而实施的行为，不应保护，相应的不法利益，也不应保护。况且，担保函明确将担保范围限制在基金合同内。

《担保函》关于“保证担保范围”第1点约定：“在基金管理人或托管人不履行基金合同责任和义务时，张某享有直接诉常某、周某保证合同纠纷案件要求担保人履行的权利……”后文“担保人履行的内容”与前文“基金管理人或托管人履行的内容”相同时，将后文中履行的内容(基金合同责任和义务)予以省略，符合语言逻辑和表达习惯。因此，张某要求担保人履行的范围，等同于“基金管理人或托管人依基金合同承担的责任和义务”。

《担保函》关于“保证担保范围”第2点也将“在基金合同项下”作为限定词，担保责任，自然应当限于基金合同范围。

(4)基金合同已履行完毕，张某未主张管理人或托管人负有“支付赎回金额与113万元之差额”的义务。

(5)不能以事后协调行为，推定公司在基金合同中承诺收益。

①张某所投资基金出现亏损时，常某曾积极帮助进行协调，但是并没有任何一方的授权，不代表任何主体；

②资产管理公司虽有协调意向，但并未作出法律意义上的“向张某支付赎回金额与113万元之差额”的意思表示；

③即使资产管理公司同意额外支付款项，也不能以基金赎回之后的行为，推定资产管理公司在订立基金合同时，承诺保本或者收益。

④即使资产管理公司同意额外支付款项，担保责任也不应随之增加。投资者赎回基金时，合同履行完毕，即使公司同意额外支付款项，也不是基于法定或约定义务；担保函从属于基金合同，基金合同履行完毕时，担保履行完毕，担保责任消灭。

因此，本案的基本事实是，基金管理人和托管人从未承诺收益或者保本，且基金合同履行完毕时，担保人所负担保责任消灭。

2. 关于法律的适用。

(1)主债务消灭后，判令担保人承担责任，于法无据。

基金管理人和托管人在基金合同以及申购确认函中未承诺收益或者保本；担保函也将担保人的责任限定在基金合同的范围内。不存在担保人自己或者代表公司承诺收益、保本的情形。张某已经将基金赎回，基金合同已经履行完毕，担保债务自然消灭，担保人无须承担担保责任。

(2)判令担保人承担主债务之外责任，适用法律错误。对私募基金的监管涉及市场秩序等公序良俗，而承诺私募基金收益则是违反原《民法总则》第153条及《私募投资基金监督管理暂行办法》第15条的无效行为，应将担保责任缩减至主债务范围。

同时，我国原《担保法》第5条明确规定，担保合同是主合同的从合同。从属性是担保的基本属性，典型的表现为，担保人承担的担保责任范围不应超出主债务，否则不受法律保护。本案中，张某自认对“风险自担”是明确知晓的，涉案担保函，也是在张某的强烈要求下签署。因此，即使担保范围超出主债务，张某对超出部分无效也是存在明显过错责任的。

(3)一审支持张某诉请，会对市场秩序产生不良影响。

需要强调的是，张某购买基金的行为是市场经济中的投资行为，“投资有风险”已经成为社会共识和基本常识。投资行为的基本特征之一，是收益与风险并存。如果无法承受高风险，应当选择低风险的理财途径，比如在大型银行办理存款；如果追求高收益，就应当承担相应的高风险。

张某在明知投资有风险，且需要“风险自担”的情况下，通过要求他人提供担保的办法转嫁风险，是扰乱市场秩序的行为，一审判决支持其诉请，是对违法行为的背书，即迫使基金管理人承诺收益、提供担保等违反金融监管政策的办法，来增加竞争力。最终受影响的是市场秩序和每个市场主体，这样的风险，是任何人都无法承受的。个案判决对于社会的影响，是不容低估的。

综上，基金合同、认购确认函、担保函均不包含承诺收益或者保本的内容，即使部分行为被认定为带有承诺性质，也属于扰乱金融市场管理秩序或者担保法等法律规定禁止的无效行为；基金合同已经履行完毕，张某无权请求担保人承担超出基金合同的额外债务。

天津市第一中级人民法院审理认为，一审判决认定基本事实不清，故本案应发回重审。2020 年 5 月 14 日，天津市第一中级人民法院下达二审民事裁定书：裁定撤销一审判决，将本案发回天津市西青区人民法院重审。

**【办案心得】**

本案系金融产品销售者与金融产品消费者之间因销售私募基金金融产品而引发的民商事纠纷。目前司法实践中，对基金公司销售员给投资人提供的担保协议是否有效尚未形成统一意见,认定有效或无效之案例均有。

认定无效的法院判决认为:(1)基金合同为主合同,基金公司销售员为基金合同的履行提供担保,担保合同为从合同。作为主合同的基金合同不能承诺收益,基于担保的从属性特征,担保合同也不得包含承诺收益的内容,即担保协议因违反担保从属性的规定而无效。(2)担保协议承诺产生约束力的前提是担保行为合法有效。根据原《民法总则》第143条的规定,违反效力性强制性规定的民事行为无效。《证券投资基金法》以及《私募投资基金监督管理暂行办法》等相关规定,明确禁止承诺基金收益率的行为,以上规定属于效力性强制性规定。因此,违反上述规定,对基金收益率做承诺的行为,属于无效民事行为。

认定有效的法院判决认为:(1)基金公司销售员明知或应知监管部门禁止私募基金销售机构对投资者作保底保收益的承诺,仍出于获取佣金的私利目的,违反职业操守,提供保证促成交易并已实际领取佣金,但在投资发生损失后,又援引相关规定以求脱责,违背诚实信用原则,不应予以支持。(2)基金公司销售员以个人身份与投资人签订的担保协议,系为了促成交易获取佣金而签订的市场行为,其行为由于未得到基金管理公司追认,故相关担保并非职务行为,而是以个人名义作出担保。(3)基金公司销售员与投资人并非基金合同当事人,所签合同虽然名为担保协议,但并非原基金合同的从合同,只是为基金合同中投资本金这一特定标的提供担保,实为独立的法律关系,系各方当事人真实意思表示,且内容并不违反法律、行政法规的强制性规定,合法有效,基金公司销售员应承担担保责任。

本案中,法院最终支持周某的上诉请求,很重要的原因是澍泽律师围绕以下两点进行抗辩:(1)张某系“合格投资者”。如果张某是退休老人,法院极大可能以其不具备风险识别、管理和承受能力为由,认定担保协议有效。(2)张某的诉求若获得支持,会对市场秩序产生不良影响。我国虽然不是判例法国家,但是部分指导性案例却发挥很大的作用,特别是在一些新型、复杂、疑难的案件中，指导性案例可以指导其他法院在类似情况下做出类似的裁判。司法实践中，当事人可以向法院提交类似的指导性案例来佐证自己的主张。本案中张某的诉求若得法院支持，基金管理人承诺收益、提供担保等违反金融监管政策的做法将通过法院判决的指引性得到背书，最终影响基金市场管理秩序和每个基金市场主体。

该判例对于法院处理该类案件具有一定的参考意义，同时也为律师代理此类新型金融担保纠纷案件积累了宝贵的经验。

**【启示与提醒】**

1. 就基金投资人而言，投资前要有自担风险意识，不能通过让基金公司工作人员出具担保函等方式规避风险，如本案中张某要求常某、周某出具的担保函，极可能因违反我国法律强制性规定而被法院认定无效。

2. 就基金公司营销人员而言，应当加强对投资人的告知，引导投资人充分认识基金产品的风险收益特征，不能为促成业务违规承诺保本、收益、限定损失金额或私下为客户提供担保，否则可能会面临承担民事责任甚至主管机关行政处罚的责任。

**【法条链接】**

**《民法典》**

**第一百四十三条** 具备下列条件的民事法律行为有效：

（一）行为人具有相应的民事行为能力；

（二）意思表示真实；

（三）不违反法律、行政法规的强制性规定，不违背公序良俗。

**第五百零九条** 当事人应当按照约定全面履行自己的义务。

当事人应当遵循诚信原则，根据合同的性质、目的和交易习惯履行通知、协助、保密等义务。

当事人在履行合同过程中,应当避免浪费资源、污染环境和破坏生态。

**第五百一十条** 合同生效后,当事人就质量、价款或者报酬、履行地点等内容没有约定或者约定不明确的,可以协议补充;不能达成补充协议的,按照合同相关条款或者交易习惯确定。

**《公开募集证券投资基金销售机构监督管理办法》**

**第十七条** 基金销售机构应当按照中国证监会的规定了解投资人信息,坚持投资人利益优先和风险匹配原则,根据投资人的风险承担能力销售不同风险等级的产品,把合适的基金产品销售给合适的投资人。

基金销售机构应当加强投资者教育,引导投资人充分认识基金产品的风险收益特征。投资人购入基金前,基金销售机构应当提示投资人阅读基金合同、招募说明书、基金产品资料概要,提供有效途径供投资人查询,并以显著、清晰的方式向投资人揭示投资风险。

基金销售机构应当推动定期定额投资、养老储备投资等业务发展,促进投资人稳健投资,杜绝诱导投资人短期申赎、频繁申赎行为。

**第二十四条** 基金销售机构及其从业人员从事基金销售业务,不得有下列情形:

(一)虚假记载、误导性陈述或者重大遗漏;

(二)违规承诺收益、本金不受损失或者限定损失金额、比例;

(三)预测基金投资业绩,或者宣传预期收益率;

(四)误导投资人购买与其风险承担能力不相匹配的基金产品;

(五)未向投资人有效揭示实际承担基金销售业务的主体、所销售的基金产品等重要信息,或者以过度包装服务平台、服务品牌等方式模糊上述重要信息;

(六)采取抽奖、回扣或者送实物、保险、基金份额等方式销售基金;

(七)在基金募集申请完成注册前,办理基金销售业务,向公众分发、公布基金宣传推介材料或者发售基金份额;

(八)未按照法律法规、中国证监会规定、招募说明书和基金份额发售公告规定的时间销售基金，或者未按照规定公告即擅自变更基金份额的发售日期；

（九）挪用基金销售结算资金或者基金份额；违规利用基金份额转让等形式规避基金销售结算资金闭环运作要求、损害投资人资金安全；

（十）利用或者承诺利用基金资产和基金销售业务进行利益输送或者利益交换；

（十一）违规泄露投资人相关信息或者基金投资运作相关非公开信息；

（十二）以低于成本的费用销售基金；

（十三）实施歧视性、排他性、绑定性销售安排；

（十四）中国证监会规定禁止的其他情形。

**《证券投资基金法》**

**第二十条** 公开募集基金的基金管理人及其董事、监事、高级管理人员和其他从业人员不得有下列行为：

（一）将其固有财产或者他人财产混同于基金财产从事证券投资；

（二）不公平地对待其管理的不同基金财产；

（三）利用基金财产或者职务之便为基金份额持有人以外的人牟取利益；

（四）向基金份额持有人违规承诺收益或者承担损失；

（五）侵占、挪用基金财产；

（六）泄露因职务便利获取的未公开信息、利用该信息从事或者明示、暗示他人从事相关的交易活动；

（七）玩忽职守，不按照规定履行职责；

（八）法律、行政法规和国务院证券监督管理机构规定禁止的其他行为。

# 十五、卖方出售的汽车存在小划痕是否构成根本违约

——天津甲国际贸易有限公司与天津乙国际贸易有限公司买卖合同纠纷案

**【基本案情】**

案由:买卖合同纠纷

原告:天津甲国际贸易有限公司(以下简称甲国际贸易公司)

被告:天津乙国际贸易有限公司(以下简称乙国际贸易公司)

代理人:天津澍泽律师事务所

2021年11月5日,甲国际贸易公司与乙国际贸易公司签订《汽车定购合同》。

合同约定:甲国际贸易公司向乙国际贸易公司购买21款奔驰GLS450汽车两辆,颜色为黑色,定金10万元,车辆总价232万元。车辆配置双方约定:21款美规GLS450黑黑6座,车架号54157#,全景天窗、门槛镀铬、橡木内饰、20双5幅轮、发光踏板;21款美规GLS450黑黑7座,车架号462379#,全景天窗、20轮、增强导航。双方还约定,付尾款提车,交车地点为天津港保税区,交车时间为常态化第一批交车,并约定如车辆实际配置与所述不符需方有权要求退还定金,如到期需方违约不提车,则定金不退。

2021年11月26日,甲国际贸易公司向乙国际贸易公司指定的名为张某的银行账户转账10万元。同日,乙国际贸公司通知甲国际贸易公司提取车架号为462379#的车辆,甲国际贸易公司发现车辆有划痕,经过与乙国际贸易公司协商,扣除维修费300元和陈某某居间费1000元后,支付尾款1,113,700元后提走车辆。

2021年12月17日,甲国际贸易公司对车架号为54157#的车辆进行验收,认为该车辆的挡风镜及轮毂处有小划痕,因此甲国际贸易公司拒绝提取车辆。乙国际贸易公司通过微信告知甲国际贸易公司,甲国际贸易公司需在当天下午5点之前全款提车,如到时间未能全款提车,之前合同作废,定金不退。关于车辆瑕疵问题,乙国际贸易公司同意修复并承担费用,也同意车价下调1万元给甲国际贸易公司。甲国际贸易公司对乙国际贸易公司的上述意见未予认可。

2021年12月25日,乙国际贸易公司再次通过微信向甲国际贸易公司发送通知,要求甲国际贸易公司于3日内将车辆尾款转入乙国际贸易公司指定账号,如果未按期打款,乙国际贸易公司将扣除甲国际贸易公司定金5万元,案涉车辆由乙国际贸易公司自行处理,与甲国际贸易公司无关,并且乙国际贸易公司将追究甲国际贸易公司因未履行合同给乙国际贸易公司造成的一切损失。

2021年12月26日,甲国际贸易公司通过微信给乙国际贸易公司发送《解除合同通知》,载明,车架号为54157#的车辆经验车发现该车辆车身存在多处划痕,存在质量问题,影响公司进行销售,致使甲国际贸易公司合同目的不能实现,故通知乙国际贸易公司解除合同,并在3日内将车辆定金原路返回至公司账户。

**【澍泽代理】**

2022年3月25日,甲国际贸易公司将乙国际贸易公司诉至法院,请求:(1)判令乙国际贸易公司支付甲国际贸易公司双倍定金100,000元;(2)案件受理费由被告承担。为此,乙国际贸易公司委托澍泽律师作为本案的代理律师。

接受委托后,澍泽律师研究案件材料,认为本案的基本事实较为清晰,双方争议不大。案件的关键在于对法定解除权的行使条件等相关法律条文的理解适用问题。为此,澍泽律师认真研究本案的相关法律、司法解释规定后提出如下代理意见:

本案并非乙国际贸易公司拒不交付诉争车辆,而是甲国际贸易公司以车辆存在质量瑕疵为由拒绝提车,该瑕疵并不影响甲国际贸易公司合同目的的实现,故甲国际贸易公司无权要求双倍返还定金。此外,乙国际贸易公司已就瑕疵履行提出补救方案,且在有交易习惯可循的情况下,甲国际贸易公司却出于车辆市场价格下滑的原因拒绝协商,主观上存在恶意,已构成根本违约;同时因甲国际贸易公司拒绝提车,乙国际贸易公司不得已将诉争车辆低价转售,造成损失超过定金数额,故乙国际贸易公司无须返还定金。

1. 合同履行概述。

甲国际贸易公司、乙国际贸易公司于 2021 年 11 月 5 日签订的《汽车定购合同》,合同约定:甲国际贸易公司向乙国际贸易公司购买 21 款奔驰 GLS450 黑色汽车两台,总价款为 232 万元,定金共计 10 万元,付款方式为付尾款提车,交车地点为天津港保税区,交付时间为常态化第一批交车。

上述车辆其中一台为七座,车架号尾号为 462379#,价格 116.5 万元;另一台为六座,车架号尾号为 54157#,价格 115.5 万元。前者已经履行完毕;后者即诉争车辆,乙国际贸易公司已于 2021 年 12 月 15 日通知甲国际贸易公司提车,甲国际贸易公司于 2021 年 12 月 17 日进行验车,验车过程中发现在主驾驶门和轮毂处存在两处小划痕,并以此为由拒绝提车。

2. 甲国际贸易公司无权要求双倍返还定金。

根据《民法典》第 610 条的规定,因标的物不符合质量要求,致使不能实现合同目的的,买受人可以拒绝接受标的物或者解除合同。同时,根据《民法典》第587条的规定,收受定金的一方不履行债务或者履行债务不符合约定,致使不能实现合同目的的,应当双倍返还定金。因此,"不能实现合同目的"是甲国际贸易公司是否享有拒绝提车或者解除合同并要求乙国际贸易公司双倍返还定金等相关权利的前提条件。

"不能实现合同目的"的判断标准是违约结果的客观严重性,即是否实际剥夺了债权人的履行利益,使当事人订立合同所追求的履行利益不能实现。结合《汽车定购合同》第一条第二款约定:"需方如发现车不符合规定,应当场提出异议,如车辆实际配置与所述不符合,需方有权要求定金退还。"双方约定判断不能实现合同目的的标准为车辆配置不符,显然小划痕属外观瑕疵,程度显著轻微,可进行即时修复,并不影响甲国际贸易公司合同目的的实现。故,甲国际贸易公司基于行使法定解除权于2021年12月26日所作解除合同的行为不成立,其无权拒绝提车或者解除合同并要求乙国际贸易公司双倍返还定金。

3. 乙国际贸易公司无须返还定金。

(1)针对外观瑕疵,甲国际贸易公司仅有权要求乙国际贸易公司承担质量瑕疵违约责任。

根据《民法典》第617条的规定,出卖人交付的标的物不符合质量要求的,买受人可以依据《民法典》第582条至第584条的规定请求承担违约责任。根据上述规定,履行不符合约定的,应按照当事人的约定承担违约责任。对违约责任没有约定或约定不明确,按照合同相关条款或交易习惯确定。如仍不能确定的,受损害方根据标的的性质以及损失的大小,可以合理选择请求对方承担修理、重做、更换、退货、减少价款等违约责任。

(2)质量瑕疵违约责任可按照交易习惯确定。

本案中,合同虽未约定外观瑕疵的质量瑕疵违约责任,但业内普遍遵循通过修理或减少价款方式解决的交易习惯。本案合同项下诉争车辆以外的另一辆车在验车时也同样发现在车灯处存在小划痕,最终以乙国际贸易公司减少300元价款解决。

(3)甲国际贸易公司拒绝协商,主观存在恶意,已构成根本违约。

乙国际贸易公司就瑕疵履行已主动提出“同意修复并承担费用或者同意车价下调10,000元”等补救方案,但甲国际贸易公司却拒绝协商。需要特别提出的是,甲国际贸易公司拒绝协商并非基于质量瑕疵本身,真正原因是此时车辆价格市场行情持续下滑,甲国际贸易公司如果依照合同约定价格提车不仅无法赚取差价,而且还要赔本。甲国际贸易公司将市场风险转嫁乙国际贸易公司的行为,主观上存在恶意,已构成根本违约。

根据《民法典》第587条的规定,给付定金的一方不履行债务或者履行债务不符合约定,致使不能实现合同目的的,无权请求返还定金;根据《汽车定购合同》第一条第二款约定:“如到期需方延迟提车,如需方违约不提车,则定金不退。”鉴于乙国际贸易公司已于2021年12月25日通知甲国际贸易公司限期3日支付尾款否则将扣除定金。同时鉴于甲国际贸易公司于2021年12月26日表明其不再履行合同,故双方于2021年12月26日解除合同,解除原因系乙国际贸易公司基于行使约定解除权而解除。同时,乙国际贸易公司无须返还定金。

此外,由于甲国际贸易公司拒绝提车,乙国际贸易公司不得已将诉争车辆以109.8万元的低价转售第三方,造成直接损失5.7万元。该损失已然超过诉争车辆的5万元定金。因此,甲国际贸易公司给付的定金与乙国际贸易公司损失相抵,乙国际贸易公司亦无须向甲国际贸易公司返还定金。如果本案判决乙国际贸易公司向甲国际贸易公司返还定金,明显违背《最高人民法院关于审理买卖合同纠纷案件适用法律问题的解释》(法释〔2020〕17号)第23条规定精神,对乙国际贸易公司显失公平。

综上,甲国际贸易公司严重违背诚实信用原则,恶意违约,无权要求返还定金。为此,特请求贵院在查明事实的基础上,依法驳回甲国际贸易公司的诉讼请求,以维护乙国际贸易公司的合法权益。

**【审理情况】**

庭审中,甲国际贸易公司与乙国际贸易公司均认可案涉《汽车定购合同》已于2021年12月26日解除,但对于该份合同解除的原因,双方存在争议。甲国际贸易公司主张,合同解除是由于案涉车辆存在外观多处刮痕,产品质量存在问题,而甲国际贸易公司购买涉案车辆的目的系另行出售或者向案外人出售,现因车辆有瑕疵不能转售案外人,致使合同目的不能实现,故合同解除是基于乙国际贸易公司的违约行为;乙国际贸易公司主张,虽然车辆存在一定划痕但是不严重,并不存在致使合同目的不能实现的情况,而合同解除是基于甲国际贸易公司拒绝提车,依据的是《汽车定购合同》第一条第二款约定"如到期后需方延迟提车,如需方违约不提车,则定金不退"。

天津自由贸易试验区人民法院认为,甲国际贸易公司与乙国际贸易公司之间为买卖合同关系,双方于2021年11月5日签订的《汽车定购合同》系双方真实意思表示,且不违反法律法规的禁止性规定,双方均应依约履行各自的义务。

本案的争议焦点为涉案《汽车定购合同》的解除原因。对此法院认为,依据本案查明的事实,案涉车辆在交付时确实存在一定瑕疵,目前可以确定的为两处划痕,一处在轮毂处,另一处存在于挡风镜或副驾驶门内侧。对于上述瑕疵,法院认为,并不会影响车辆的正常使用,且对于以上划痕不排除可以采取修理的方式予以解决。根据我国法律相关规定,虽然乙国际贸易公司向甲国际贸易公司交付的车辆存在瑕疵,甲国际贸易公司可以采取要求乙国际贸易公司承担修理责任或减少价款等违约责任方式予以解决。且本案中,在发现划痕后,乙国际贸易公司已明确表示可以进行修复并减价1万元予以解决,其处理方案符合法律相关规定。甲国际贸易公司虽拒绝乙国际贸易公司的上述方案,但并未举证证实该方案不具有合理性。同时,甲国际贸易公司虽主张购买涉案车辆的目的系另行出售或者向案外人出售及交付有瑕疵的涉案车辆不能实现,但并未对此提供充分证据予以证实。综上,甲国际贸易公司以汽车存在划痕主张乙国际贸易公司交付的车辆属于不能实现合同目的的根本违约,该主张无事实及法律依据,鉴于甲国际贸易公司在 2021 年 12 月 26 日向乙国际贸易公司明确表示拒绝履行合同,乙国际贸易公司也在庭审中表示认可以上述日期作为解除合同的日期,对于该解除时间法院予以确认。鉴于涉案合同的解除系乙国际贸易公司拒绝提车的根本违约行为所致,甲国际贸易公司提出乙国际贸易公司违约进而解除合同及双倍退还定金 10 万元的主张,无事实及法律依据,甲国际贸易公司的诉讼请求法院不予支持。

综上,依照《民法典》第 509 条、第 563 条、第 582 条之规定,判决驳回甲国际贸易公司的全部诉讼请求。

一审判决送达后,各方当事人均未提起上诉,该判决已生效。

**【办案心得】**

我国《民法典》第 563 条规定的法定解除权,通常被认为是当事人的一项法定权利,即在“合同目的不能实现时”,解除权人有权解除合同。本案主要涉及的是对“合同目的不能实现”的司法认定问题。对“不能实现合同目的”的司法认定一直是实务中的难点、痛点。要对“合同目的不能实现”进行司法认定,首要问题需要明确的是“合同目的”的内涵。合同目的具体指什么?学界有两种不同观点:一是缔约人的经济目的;二是缔约人希望实现或达到的利益,以经济、社会、精神等方面的利益为主。不难发现,上述两种观点均认可了缔约人希望通过缔结合同实现一定的利益是其缔结合同的主要目的。司法实践中关于如何认定“合同目的不能实现”,通说认为,其等同于根本违约,此时因债权人的履行利益落空,合同已无继续履行之必要。

澍泽律师在办理本案过程中,重点围绕乙国际贸易公司交付的汽车仅存在两处小划痕“不构成根本违约”为由进行抗辩,最终代理意见获得了法院的支持。

**【启示与提醒】**

实务中,当事人以“不能实现合同目的”为由主张解除合同,要注意在确定“合同目的”之后,并不意味着所有的违约行为(包括不完全履行、履行不适当、迟延履行等)都会导致合同目的无法实现。按照全国人大常委会法工委民法室的倾向性观点,所谓“不能实现合同目的”应是违约行为造成较为严重的后果的情形,包括:(1)履行期限构成合同的必要因素,超过期限履行将严重影响订立合同所期望的经济利益;(2)继续履行不能得到合同利益;(3)债务人拒绝履行合同的全部义务;(4)履行质量与约定严重不符,无法通过修理、替换、降价的方法予以补救。如本案中,汽车只有两处小划痕,可以采取修理或降价的方式予以解决,故法院认定不属于“不能实现合同目的”。

另外,为防范“合同目的不明”的法律风险,建议在合同中约定好“合同目的”。否则,发生纠纷进行司法认定,不仅需要提交相关证据进行佐证,而且结果难料。

**【法条链接】**

**《民法典》**

**第五百零九条**　当事人应当按照约定全面履行自己的义务。

当事人应当遵循诚信原则,根据合同的性质、目的和交易习惯履行通知、协助、保密等义务。

当事人在履行合同过程中,应当避免浪费资源、污染环境和破坏生态。

**第五百六十三条**　有下列情形之一的,当事人可以解除合同:

(一)因不可抗力致使不能实现合同目的;

(二)在履行期限届满前,当事人一方明确表示或者以自己的行为表明不履行主要债务;

(三)当事人一方迟延履行主要债务,经催告后在合理期限内仍未

履行;

(四)当事人一方迟延履行债务或者有其他违约行为致使不能实现合同目的;

(五)法律规定的其他情形。

以持续履行的债务为内容的不定期合同,当事人可以随时解除合同,但是应当在合理期限之前通知对方。

**第五百八十二条**　履行不符合约定的,应当按照当事人的约定承担违约责任。对违约责任没有约定或者约定不明确,依据本法第五百一十条的规定仍不能确定的,受损害方根据标的的性质以及损失的大小,可以合理选择请求对方承担修理、重作、更换、退货、减少价款或者报酬等违约责任。

**第五百八十七条**　债务人履行债务的,定金应当抵作价款或者收回。给付定金的一方不履行债务或者履行债务不符合约定,致使不能实现合同目的的,无权请求返还定金;收受定金的一方不履行债务或者履行债务不符合约定,致使不能实现合同目的的,应当双倍返还定金。

**第六百一十条**　因标的物不符合质量要求,致使不能实现合同目的的,买受人可以拒绝接受标的物或者解除合同。买受人拒绝接受标的物或者解除合同的,标的物毁损、灭失的风险由出卖人承担。

**第六百一十七条**　出卖人交付的标的物不符合质量要求的,买受人可以依据本法第五百八十二条至第五百八十四条的规定请求承担违约责任。

**《最高人民法院关于审理买卖合同纠纷案件适用法律问题的解释》**

**第二十三条**　买卖合同当事人一方因对方违约而获有利益,违约方主张从损失赔偿额中扣除该部分利益的,人民法院应予支持。

# 十六、明知“手续不齐全”自愿购买平行进口车，不能上牌的风险由谁承担

——天津某汽车销售有限公司与天津甲国际贸易有限公司、天津乙国际贸易有限公司、赵某甲、黄某甲、黄某乙、赵某乙买卖合同纠纷案

**【基本案情】**

案由：买卖合同纠纷

原告：天津某汽车销售有限公司（以下简称汽车销售公司）

被告：天津甲国际贸易有限公司（以下简称甲国际贸易公司）

代理人：天津澍泽律师事务所

被告：天津乙国际贸易有限公司（以下简称乙国际贸易公司）

被告：赵某甲

被告：黄某甲

被告：黄某乙

被告：赵某乙

2017 年 9 月 7 日，案外人宿某代表汽车销售公司与代表甲国际贸易公司的赵某甲通过微信沟通购买涉诉车辆事宜。赵某甲曾告知宿某涉诉车辆“商检出不来，只能出关单然后开增值，你看有的不要商检可以卖”。宿某回复：“我说这价格卖得相当得劲……那这车只能上北京、天

津,别的地方好像都得用商检。”2017 年 11 月 1 日 11 时 9 分,赵某甲通过微信向宿某发送《车辆代购协议》,协议约定:(1)甲方为甲国际贸易公司,乙方为汽车销售公司,车辆型号为 2017 道奇公羊,车架号 2761,总价 528,000 元,定金 10,000 元,本合同约定需付款项必须于合同签订之日完成。交货时间为 2017 年 11 月 6 日之前(以汽车销售公司通知乙方实际交车时间为准)。交接时按车辆出厂标准由乙方或乙方指定委托代表验收,乙方若发现车辆不合规定应当场提出异议,否则视为验收合格。合同中免责条款约定,因国家及地方政策调整导致车辆无法正常上牌,甲方不承担责任。(2)合同中甲方责任约定,甲方需提供合法正规的货物证明书,以及发票,如该车未完成上牌所产生的一切后果由乙方自行承担。卡名:黄某甲,开户行:工行天津天保支行,卡号为 6222080302013837×××。同日 12 时 21 分,汽车销售公司通过案外人刘某超账户向黄某甲卡号为 6222080302013837×××的账户汇款 10,000元,附言为“公羊 2761 定金”。2017 年 11 月 4 日,汽车销售公司通过案外人刘某超账户向黄某甲账户支付购车款 518,000 元。同日,涉诉汽车交付于汽车销售公司。

庭审中,甲国际贸易公司已确认收到通过黄某甲转交的前述涉案购车款项。汽车销售公司庭审中陈述,其于 2018 年将涉诉车辆出售给案外人北京某商贸有限公司(以下简称商贸公司),该公司于 2018 年 7 月在北京办理车辆牌照时发现涉诉车辆不能完成登记,故商贸公司将车辆退回给汽车销售公司,更换其他车辆处理。汽车销售公司另提供退还说明一份予以佐证。

2018 年 9 月 6 日,宿某与赵某甲通过微信联系,询问“这个车在北京上牌,你看没有商检,为啥没有一致性信息呢”。赵某甲回复“我刚想起来,这台车当时咱们说的就是没有环保,这台车当时只有那个关单,没有商检,应该没有环保”。宿某回复“对啊,这车没环保,那行了,我告诉他一声,上传不了”。9 月 10 日,宿某将车辆一致性证书(编号 A078374ASBTRM574RR7PT275R20××××××)、机动车销售统一发票(发票号码0009××××)的照片通过微信发送给赵某甲。

另查,本案原审期间,汽车销售公司在庭审中明确涉案车辆不能办理登记的原因为缺少环保手续,无轻型汽油环保信息随车清单。

本案发回重审阶段庭审中,汽车销售公司主张车辆不能办理登记的原因系甲国际贸易公司向汽车销售公司交付的前述涉案一致性证书系伪造,故自始无法办理涉案车辆登记。案件审理期间,经汽车销售公司申请律师调查令,中国质量认证中心向法院出具《关于强制性产品认证有关问题的协查复函》,答复意见为编号为A078374ASBTRM574RR7PT275R20××××××的车辆一致性证书中的部分内容(如车辆制造国、车型代号及部分参数等)与在该中心备案的车辆一致性证书不一致。

又查,在2020津0116民初×××××号案件庭审中,赵某甲表述身份为甲国际贸易公司销售人员,赵某甲在庭审中认可前述涉案车辆一致性证书为其提供。本案在发回重审的庭审中,赵某甲否认该车辆一致性证书系其提供,陈述系汽车销售公司方宿某向其提供,并提供2018年9月10日的两人间微信记录予以佐证。

再查,黄某乙曾为甲国际贸易公司股东,赵某乙为甲国际贸易公司股东。

**【澍泽代理】**

2021年2月24日,汽车销售公司将甲国际贸易公司等诉至法院,诉求:(1)依法判令甲国际贸易公司退还汽车销售公司购车款528,000元,并赔偿汽车销售公司损失(以528,000元为基数,自2019年8月20日起至实际返还车款之日止,按全国银行间同业拆借中心公布的贷款市场报价利率上浮30%计算);(2)判令乙国际贸易公司、赵某甲、黄某甲承担退还车款及赔偿损失的连带责任;(3)本案诉讼费用由四被告共同承担。

2021年4月13日,天津自由贸易试验区人民法院作出(2021)津0319民初××××号民事判决书,驳回汽车销售公司全部诉讼请求。

2021 年 4 月 25 日，汽车销售公司不服该一审判决，依法提起上诉。

本案二审期间，汽车销售公司申请调取了新的证据。由中国质量认证中心出具了《关于强制性产品认证有关问题的协助复函》，载明“你院提供的车辆一致性证书中，车辆制造国为美国，与对应的 CCC 证书中的工厂地址不一致，与在我中心备案的 COC 信息不一致”，汽车销售公司拟证明甲国际贸易公司提供的车辆一致性证书涉嫌伪造。2021 年 8 月 30 日，天津市第三中级人民法院作出(2021)津 03 民终××××号民事裁定书，认为二审中出现新证据，导致一审法院认定事实不清，裁定：(1)撤销天津自由贸易试验区人民法院(2021)津 0319 民初××××号民事判决书；(2)本案发回天津自由贸易试验区人民法院重审。

本案发回重审后，汽车销售公司变更了诉讼请求，变更后的诉求：(1)依法判令甲国际贸易公司退还汽车销售公司购车款 528,000 元，并赔偿汽车销售公司损失(以 528,000 元为基数，自 2019 年 8 月 20 日起至实际返还车款之日止，按全国银行间同业拆借中心公布的贷款市场报价利率上浮 30% 计算)；(2)判令乙国际贸易公司、赵某甲、黄某甲承担退还车款及赔偿损失的连带责任；(3)判令黄某乙、赵某乙各自在甲国际贸易公司减资 45 万元范围内对甲国际贸易公司债务不能清偿部分承担补充赔偿责任；(4)本案诉讼费用由各被告共同承担。

2022 年 6 月 2 日，天津自由贸易试验区人民法院作出(2021)津 0319 民初×××××号民事判决书，再次驳回了汽车销售公司全部诉讼请求。2022 年 6 月 14 日，汽车销售公司不服该一审判决，依法提起上诉。

2022 年 12 月 26 日，天津市第三中级人民法院作出(2021)津 03 民终××××号民事判决书，判决驳回上诉，维持原判。

本案发回重审后，甲国际贸易公司委托澍泽律师作为其本案重审第一审程序和第二审程序的代理律师。

接受委托后，澍泽律师认真分析案件材料及收集相关证据，针对本案的事实和争议问题，向天津自由贸易试验区人民法院提出如下代理意见：

1. 汽车销售公司不享有法定解除权，无权要求退还购车款。

第一，涉案合同为商事合同，系双方真实的意思表示，不违反法律、行政法规的强制性规定，亦不存在原《合同法》第 52 条规定的导致合同无效的其他情形，应当确认有效。因此涉案合同应当得到遵守。

第二，涉案合同约定的全部义务已经得到双方的主动履行，表明双方对于涉案合同约定的内容并无认识上的分歧，已然形成稳定的交易秩序。

第三，涉诉车辆符合质量要求，不存在质量问题。

第四，对于涉诉车辆“手续不齐全”的情况，汽车销售公司是明知的且自愿承担风险，甲国际贸易公司不负有“确保涉诉车辆上牌”的义务。

“手续齐全”是一台进口车的重要卖点，因此相同型号相同配置的平行进口车，若“手续齐全”则意味着购买方风险更小，市场价格也往往高于“手续不齐全”的车辆。“手续齐全”指车辆的货物进口证明书、进口机动车辆随车检验单、车辆一致性证书、轻型汽油车环保信息随车清单、机动车销售统一发票都具备，汽车销售公司对此熟知。

2017 年 9 月 7 日，涉案合同签订前，赵某甲已经明确告知汽车销售公司人员宿某“只能出关单，然后开增值”，当时汽车销售公司已经知情涉诉车辆“手续不齐全”“低于市场价格”“存在不能上牌风险”。汽车销售公司作为具有十多年进口车销售经验的经销商，在购买涉诉车辆时首先要考虑的因素就是“是否手续齐全”及“能否上牌”，因为这直接关系到涉诉车辆能否顺利上牌。显然，汽车销售公司在决定购买涉诉车辆前对此已经明知，且对于不能上牌的商业风险早有预判并自愿承担。

2017 年 11 月 1 日，汽车销售公司在与甲国际贸易公司沟通近 2 个月后，经过充分考虑后才决定购买涉诉车辆的，且对涉案合同认可未提出异议。该合同第 6 条免责条款明确约定“因国家及地方政策调整导致车辆无法正常上牌，甲方不承担责任”，第 7 条甲方责任明确约定“甲方需提供合法正规的货物证明书，以及发票，如该车未完成上牌所产生一切后果由乙方自行承担”。结合涉诉车辆低于当时市场价格出售,且赵某甲明确告知汽车销售公司该车没有商检单等手续的情况,双方已经对不能上牌登记的风险承担进行了明确约定,汽车销售公司已经接受了“手续不齐全”“不能上牌的风险”。

汽车销售公司成立于2006年,作为商事主体在进口车销售方面具有十多年的丰富经验,熟知进口车不同时期、不同地域的上牌政策。汽车销售公司在明知涉诉车辆“手续不齐全”,不具有进口机动车辆随车检验单、车辆一致性证书、轻型汽油车环保信息随车清单等手续的情况下,自愿购买涉诉车辆,亦应承担不能上牌的商业风险,且符合合同约定。

第五,甲国际贸易公司不存在违约行为。本案中,涉案合同既未约定甲国际贸易公司应当提供进口机动车辆随车检验单、车辆一致性证书、轻型汽油车环保信息随车清单,又未约定甲国际贸易公司负有上牌义务,相反明确约定了不能上牌的风险由汽车销售公司承担。甲国际贸易公司已经按照约定全面履行了合同义务,不存在违约行为。

第六,汽车销售公司没有证据证明涉诉车辆不能上牌。汽车销售公司虽然主张涉诉车辆不能上牌,但是既不能说清楚何人何时何地不能上牌,也不能提供车辆管理所出具的不能上牌的证明材料,比如《机动车业务退办通知书》。因此,汽车销售公司该项主张缺乏事实依据。汽车销售公司作为有着十余年进口车销售经验的经销商,熟知平行进口车上牌政策,如果当时北京不能上牌,汽车销售公司显然是不会购买的。对此,汽车销售公司应当承担举证不利的法律后果。

第七,汽车销售公司没有证据证明涉诉车辆不能上牌的原因。进口车不能上牌的可能原因有多种,如达不到环保要求的排放标准、非法改装、提供虚假文件。本案中,汽车销售公司虽然主张涉诉车辆没有轻型汽油车环保信息随车清单,不符合国五标准,在北京不能上牌,但是既未提供证据证明涉诉车辆不能上牌的原因,也未提交证据证明交付涉诉车辆及手续交付后至办理上牌手续的8个月内,曾要求甲国际贸易公司提供该轻型汽油车环保信息随车清单。对此，汽车销售公司应当承担举证不利的法律后果。

此外，甲国际贸易公司及赵某甲从来没有向汽车销售公司提供过车辆一致性证书，理由如下：

首先，天津市第三中级人民法院发回重审的民事裁定书下来后，经过赵某甲再次查看微信聊天记录以及仔细回忆，可以非常肯定地确认涉诉车辆销售时没有车辆一致性证书，且相同时期销售的相同品牌与型号的其他车辆也没有车辆一致性证书。2018 年 9 月 10 日，汽车销售公司人员宿某通过微信将车辆一致性证书发给赵某甲时，赵某甲才首次见到车辆一致性证书，此前从未见到过。

其次，如果涉诉车辆销售时有车辆一致性证明，那么作为重要的卖点之一，赵某甲必然会在微信聊天中告知汽车销售公司，而且会写入涉案合同第 7 条"甲方"即甲国际贸易公司提供的资料中，不可能仅告知汽车销售公司"只能出关单"，而不告知车辆一致性证书。否则，不符合行业惯例及常理。

最后，汽车销售公司在明知涉案车辆"手续不齐全"的情况下购买涉诉车辆，结合商贸公司于 2018 年 7 月开具的机动车销售统一发票中载明的"商检单号"为虚假信息，不排除汽车销售公司为达到上牌目的伪造车辆一致性证书及"商检单号"的可能性。

第八，汽车销售公司没有证据证明涉诉车辆在甲国际贸易公司出售给其后的合理期间内不能上牌及不能上牌的原因。汽车销售公司系在向甲国际贸易公司购买涉诉车辆 8 个月后才办理上牌手续，而平行进口车上牌政策存在各地不一致、不同时期不一致的情况，汽车销售公司提供的证据不能证明涉诉车辆在甲国际贸易公司出售给其后的合理期间内不能上牌及不能上牌的原因。与涉诉车辆相同时期销售的相同品牌与型号的其他车辆，在同样"手续不齐全"的情况下，在合理期间内也已经上牌。

第九，汽车销售公司与案外人之间的转售合同已经履行完毕。汽车销售公司自述,将涉案车辆转售给案外人商贸公司,商贸公司于2018年7月在北京办理车辆牌照时发现涉案车辆不能上牌,后汽车销售公司自愿与商贸公司协商退换车辆,互不追责,汽车销售公司自愿承担风险,且汽车销售公司未退还商贸公司购车款。因此,汽车销售公司与商贸公司之间的转售合同已经履行完毕且已经获利。汽车销售公司没有证据证明其转售商贸公司时履行了涉案车辆"手续不齐全"以及"不能上牌风险"的提示与告知义务,且汽车销售公司自行协商退换车辆。不排除汽车销售公司在转售合同中存在违约行为、自愿承担风险与责任的可能性。

退一步讲,即使汽车销售公司享有法定解除权,解除权作为形成权的一种,亦应受到除斥期间的限制。根据原《合同法》第95条的规定:"法律规定或者当事人约定解除权行使期限,期限届满当事人不行使的,该权利消灭。法律没有规定或者当事人没有约定解除权行使期限,经对方催告后在合理期限内不行使的,该权利消灭。"本案中,汽车销售公司与甲国际贸易公司之间的涉案合同签订于2017年11月1日,已经于2017年11月4日履行完毕,而汽车销售公司于2021年12月2日庭审时才首次主张解除合同,此前从未主张过。显然,即使汽车销售公司享有法定解除权,该权利也已经消灭。

2.基于汽车销售公司无权解除合同退还购车款,其主张的赔偿损失缺乏事实和法律依据。

综上,本案纠纷的根源在于汽车销售公司明知"手续不齐全"且自愿承担"不能上牌的风险"的情况下购买涉诉车辆后,未在合理期限内上牌。本案由汽车销售公司承担"不能上牌的风险",符合合同约定。汽车销售公司的主张缺乏事实和法律依据,恳请法院依法驳回汽车销售公司的诉讼请求。

本案发回重审后的二审阶段,针对汽车销售公司的上诉请求,澍泽律师向天津市第三中级人民法院提出如下代理意见:

1.一审判决认定事实清楚,证据确凿、充分。

(1)本案经过一审法院开庭审理后已经查明了基本事实,一审法院认定车辆一致性证书并非甲国际贸易公司交付，符合客观事实，理由如下：

第一，涉诉合同签订于2017年11月1日，而在此前2017年9月7日的微信记录中，赵某甲曾告知宿某涉诉车辆“商检出不来，只能出关单然后开增值，你看有的不要商检可以卖”。宿某回复“我说这价格卖得相当得劲……那这车只能上北京、天津，别的地方好像都得用商检”，当时甲国际贸易公司未曾说过存在和提供车辆一致性证书。

第二，涉诉合同中未约定甲国际贸易公司提供车辆一致性证书，如果当时存在车辆一致性证书，那么作为重要的卖点必然会写在合同条款中。甲国际贸易公司提供客观上并不存在的该手续，显然不合常理。

第三，2018年9月10日，宿某将车辆一致性证书、机动车销售统一发票通过微信发送赵某甲，系赵某甲首次见到。

第四，虽然在发回重审前的诉讼中，赵某甲曾自认过交付车辆一致性证书，但与客观事实不符。发回重审的民事裁定书下来后，经赵某甲再次回忆及查看微信记录，可以确认当时包括涉诉车辆在内的其他相同品牌车辆都没有车辆一致性证书，本案中根本不存在甲国际贸易公司提供的可能性。

第五，发回重审庭审中，董某燕在电话中确认“如果有相关的手续会有销售人员去取，对于涉案车辆的手续问题，目前没有回忆起来”。甲国际贸易公司认为，董某燕的第一反应是客观真实的，符合常理。庭审结束后，董某燕所说的内容受到了汽车销售公司一方的旁听人员的影响，显然不可信。因为董某燕曾系汽车销售公司的员工，存在利害关系，且系汽车销售公司一方的旁听人员于法庭外拨打董某燕电话沟通后所进行的表述。

第六，宿某微信发送赵某甲的机动车销售统一发票中载明的“商检单号”为虚假信息，因为本案中根本不存在商检单，汽车销售公司甩锅给开票单位，显然是在规避责任，不排除汽车销售公司为达到上牌目的一并伪造“商检单号”及车辆一致性证书的可能性。

(2)一审判决查明,本案原审期间汽车销售公司在庭审中明确涉案车辆不能登记的原因为缺少环保手续,无轻型汽油环保信息随车清单。但是本案发回重审阶段庭审中,汽车销售公司却另行主张涉案车辆不能办理登记的原因系甲国际贸易公司交付的车辆一致性证书系伪造。显然,汽车销售公司前后陈述不一致,有意趋利避害、借题发挥。

(3)本案中,甲国际贸易公司已经按照约定全面履行了合同义务,一审判决认定甲国际贸易公司不存在违约行为、汽车销售公司承担不能上牌的风险,完全正确且符合客观事实。对于存在不能上牌的风险,汽车销售公司明知且自愿承担。汽车销售公司一审中自述“因转售需要购买涉案车辆,收到涉案车辆后即将车辆直接转售商贸公司”,说明汽车销售公司购买涉案车辆时对可以在北京上牌是明知的,否则汽车销售公司根本不会购买。汽车销售公司转售时是否告知案外人手续不齐全以及不能上牌的风险,至今未提供转售合同等相关证据证明,汽车销售公司不能证明其转售时没有过错。此外,汽车销售公司自愿为案外人更换车辆,未发生退还案外人款项的事实。

2. 一审判决适用法律正确。

涉案合同系双方真实意思表示,内容不违反国家法律、行政法规的强制性规定,合法有效。本案系《民法典》施行前的法律事实引起的民事纠纷案件,应当适用当时的法律、司法解释的规定。汽车销售公司主张,涉案合同约定的免责条款因违反《民法典》规定应当判定无效,显然汽车销售公司适用法律错误。

因此,一审判决依据《最高人民法院关于适用〈中华人民共和国民法典〉时间效力的若干规定》第1条第2款、原《合同法》第60条第1款等规定作出的判决,适用法律完全正确。

**【审理情况】**

本案在发回重审后,乙国际贸易公司书面答辩称,汽车销售公司已起诉过乙国际贸易公司,法院驳回了汽车销售公司全部诉讼请求,认定汽车销售公司与乙国际贸易公司不存在合同关系,乙国际贸易公司不应向汽车销售公司承担责任。汽车销售公司针对与其他公司签订的合同要求乙国际贸易公司承担连带责任没有事实和法律依据,要求驳回汽车销售公司诉讼请求。

赵某甲辩称,其不是甲国际贸易公司和乙国际贸易公司的实际控制人,其以前是乙国际贸易公司的股东但 2019 年就已经不是股东了。汽车销售公司称车辆无法上牌没有实质性证据,没有车管所材料。本案车辆一致性证书是汽车销售公司伪造的,汽车销售公司自行编造了商检单号,汽车销售公司明知证据是自己伪造的情况下长时间对被告进行诬告,要求法院对此问题严厉追查。

黄某甲辩称,按照合同相对性原则,起诉黄某甲主体错误,因汽车销售公司当时没有提供买方的开票信息所以不能公对公付款,产生的该职务代收行为,本人受赵某乙指派收款,本人当时是甲国际贸易公司的销售经理,所收款项已经转款给甲国际贸易公司控制的收款账户,请法庭驳回汽车销售公司的诉请。

黄某乙书面答辩称,按照合同相对性原则,追加本人为被告主体不对,无法律依据。汽车销售公司多次诉讼,但主体都没弄清楚,其在合同订立时并非依据甲国际贸易公司股东情况购买涉诉车辆,而且本人与汽车销售公司并不认识且未参加涉诉交易,本人在该次交易中无表见代理情况。由于甲国际贸易公司经营实际需要,依法定程序本人已于 2021 年 4 月不再担任甲国际贸易公司股东,并按法律规定办理了变更及股权转让,且已完成工商与税务合法备案,权利义务由新主体承担。综上,请求驳回汽车销售公司对本人的诉讼请求。

赵某乙辩称,汽车销售公司非甲国际贸易公司的债权人,汽车销售公司与甲国际贸易公司的合同已经履行完毕,没有债务纠纷。减资的情况属实,没有向汽车销售公司进行告知,减资是公司行为与本案无关,且公司无义务向汽车销售公司进行减资告知。

天津自由贸易试验区人民法院审理认为,汽车销售公司与甲国际贸易公司签订的《车辆代购协议》系双方当事人真实意思表示,不违反法律、法规禁止性规定,该协议合法有效,对双方当事人具有约束力,双方均应依约履行。

本案的争议焦点为汽车销售公司与甲国际贸易公司签订的《车辆代购协议》是否应予解除。汽车销售公司主张,涉案车辆因甲国际贸易公司交付的车辆一致性证书系伪造导致不能完成登记,致使汽车销售公司购车目的无法实现,构成根本违约,故涉案合同应依法解除。甲国际贸易公司主张,汽车销售公司不享有法定解除权,无权要求退还购车款。

对于以上争议焦点问题法院发表如下分析意见:

第一,甲国际贸易公司是否存在交付伪造车辆一致性证书的违约行为。关于涉案车辆一致性证书是否由赵某甲向汽车销售公司交付的问题,法院认为,现有微信记录证据可以证实,赵某甲在2018年9月6日已明确涉案车辆在出售前已经告知宿某没有车辆一致性证书的情况,宿某对此并未予以反驳和否认,而微信中亦可以显示该伪造的车辆一致性证书系由宿某拍照发送给赵某甲。同时,庭审中汽车销售公司主张由其员工董某燕自甲国际贸易公司取回了该车辆一致性证书,但经过当庭向董某燕电话核实,董某燕并没有回忆起曾取回前述车辆一致性证书的情况。诚然,赵某甲确实在另案诉讼过程中对于向汽车销售公司交付该车辆一致性证书进行过自认,但根据我国法律规定,自认的事实与已经查明的事实不符的,人民法院不予确认。因此,鉴于赵某甲已明确否认提供过该车辆一致性证书并提供相关证据予以证实,而汽车销售公司所提供证据也不能充分证实该车辆一致性证书系甲国际贸易公司或赵某甲提供,故汽车销售公司对于由甲国际贸易公司和赵某甲交付伪造车辆一致性证书的主张,法院不予支持。基于此,虽然该车辆一致性证书已经证实系伪造,亦不能认定为甲国际贸易公司的违约行为。

第二,关于涉案车辆是否可以进行登记,如果不能进行登记的原因,以及是否导致合同目的不能实现的问题。首先,汽车销售公司未提交证据证实涉案车辆交付时及合理时间内是否存在不能进行登记的情况。

汽车销售公司作为同样从事平行进口车辆交易的经销商，其应当了解平行进口车辆登记政策存在各地、各时期不一致且多变的情况。但根据涉案发票所显示的时间，涉案车辆在自甲国际贸易公司购买 8 个月后方才办理登记手续，显然已经超过了合理的登记时间。其次，即使涉案车辆不能进行登记，但对于不能进行登记的原因，虽经过多次庭审，但汽车销售公司并未提供充分证据证明在该车辆欲进行登记的 2018 年 8 月，系由于汽车销售公司本次诉讼主张的车辆一致性证书的问题而无法完成。而实际情况是，自 2018 年 5 月以来，因为环保政策的进一步严格执行，确实出现了部分平行进口车辆难以办理登记的问题，而出现该问题的原因显然也并不能归责于甲国际贸易公司。故汽车销售公司主张涉案车辆自始不能登记无法实现合同目的，无事实依据。

第三，出现车辆不能进行登记的责任承担。根据《车辆代购协议》约定，“如该车未完成上牌所产生的一切后果由乙方（汽车销售公司）自行承担”，结合购买时汽车销售公司与甲国际贸易公司均知晓的涉案车辆低于当时市场价格出售，且赵某甲明确告知汽车销售公司该车没有商检手续的情况，应认定合同双方已对不能进行登记的风险承担进行了明确约定。鉴于该条款约束的系同样作为平行进口车经销商的汽车销售公司与甲国际贸易公司，应认定汽车销售公司对于购买仅有货物进口证明书和发票的涉案车辆的风险已经明知并自愿承担。因此，即使出现了车辆不能进行登记的情形，也应由汽车销售公司按照合同约定自行承担该不能登记的责任和后果，不能认定为甲国际贸易公司的违约行为所致。

综合以上分析意见，汽车销售公司提出的甲国际贸易公司存在违约，导致合同目的无法实现，进而解除合同的主张，法院不予支持。鉴于涉案合同并不符合法定解除条件，汽车销售公司主张涉案合同解除并由各退还购车款、赔偿损失等请求均无事实及法律依据，故对于汽车销售公司的各项诉讼请求，法院不予支持。

**【办案心得】**

本案涉及平行进口车的交易问题。作为新生事物,平行进口车虽然在法律层面的定位已被明确,但我国存在平行进口车上牌政策各地不一致、不同时期不一致的情况。此外,本案此前诉讼中,赵某甲曾自认提供过车辆一致性证书,二审法院以出现新的证据导致一审认定事实不清为由发回重审,而该新的证据直接指向车辆一致性证书涉嫌伪造,对委托人甲国际贸易公司极为不利。

因此,在接受客户委托后,澍泽律师第一时间对关于平行进口车的相关法律法规及上牌政策进行了相应的检索,进一步了解案情并收集相关证据。在熟悉相关法律政策后,结合二审发回重审的理由,澍泽律师立即对案情进行详细的梳理,在梳理过程中澍泽律师敏锐地察觉到整个案件的关键点是:车辆一致性证书到底是哪一方提供的、涉案车辆不能上牌的原因以及汽车销售公司可否以购车目的无法实现为由主张解除合同。如果车辆一致性证书确系委托人甲国际贸易公司一方提供,不能上牌的原因不在于汽车销售公司,汽车销售公司可以解除合同,那么委托人甲国际贸易公司将承担违约责任,将面临败诉的法律后果。针对这一焦点问题,澍泽律师小心求证,补充收集了大量认定汽车销售公司无法定解除权与法定解除权已过除斥期间的证据,形成了相应的证据链条。在庭审阶段,澍泽律师明确针对本案的关键点进行逻辑性的多角度论证,最终得到了法庭的支持,判决驳回了汽车销售公司的各项诉讼请求。

经销商在购买平行进口车后,应当及时转售车辆,并在合理期限内及时上牌,如不能上牌应当及时联系出卖人的上家,有效沟通及时解决上牌问题,避免政策调整导致错过最佳上牌时间。

本案代理成功的心得如下:第一,须吃透法律政策等规范条文。第二,须吃透相关问题的法理,能从复杂的问题中找到案件的要害,并据此收集能说服法官的证据。第三,从细节中发现关键事实及证据,细节可以决定成败。

**【启示与提醒】**

1. 员工代公司收款再转公司，如收款业务出现纠纷，员工将面临被客户起诉及与公司承担连带责任的风险。如本案中的黄某甲系甲国际贸易公司的销售经理，因受公司领导赵某乙指派收款而被汽车销售公司起诉承担退还车款及赔偿损失的连带责任。除上述风险外，员工代公司收款还存在以下法律风险：(1)客户在转账时如果没有备注款项是付给公司的，很可能会被税务部门认为是员工的个人收入，要交个人所得税。(2)员工若提取现金将款项给公司，公司如果没有记账，员工可能会构成逃税罪的共犯。(3)公司收取员工现金后，如果没有给员工开收据，员工将没法证明已经将款项交回公司，公司可要求员工还款，也可以员工侵占或挪用公司资金为由报案。

为规避上述风险，当公司要求员工提供银行账号代收款时，能拒绝尽量拒绝；如不能拒绝，一定要公司出具一份委托收款授权书。收款后尽量转账给公司，如果用现金给回公司的，务必要求公司提供盖公章的收款收据。

2. 平行进口车，是指未经品牌厂商授权，贸易商从海外市场购买，并引入中国市场进行销售的汽车。由于进口地不同，可分为“美规车”“中东版车”“加版车”“欧版车”等，以区别于授权渠道销售的“中规车”。平行进口车绕过了总经销商、大区经销商、4S 店等销售环节，省去了不少中间环节。且平行进口车经销商定价不受厂商限制，比较自由，因此在价格上有较大优惠，通常平行进口车比“中规车”价格要低 10% ~20% 。

现在市场上的汽车越来越多，消费者购车越来越追求个性化，加上平行进口车具有价格上的优势，因此使越来越多的平行进口车受到消费者的青睐。需要提醒的是，我国存在平行进口车上牌政策各地不一致、不同时期不一致的情况，因此消费者在决定购买平行进口车前，务必要了解清楚当地的上牌政策。如商家不能提供当地所需要的各种凭证就不能购买。实务中,购买平行进口车一般要获取以下凭证:如货物进口的说明书、进口机动车辆的随车检验单、车辆一致性证书、车辆的环保清单、进口车辆的电子信息表、购车的发票、汽车燃料的消耗量标识等。

3. 我国《民法典》第564条规定,法律规定或者当事人约定解除权行使期限,期限届满当事人不行使的,该权利消灭。法律没有规定或者当事人没有约定解除权行使期限,自解除权人知道或者应当知道解除事由之日起1年内不行使,或者经对方催告后在合理期限内不行使的,该权利消灭。《最高人民法院关于适用〈中华人民共和国民法典〉时间效力的若干规定》第1条第3款规定,《民法典》施行前的法律事实持续至《民法典》施行后,该法律事实引起的民事纠纷案件,适用民法典的规定,但是法律、司法解释另有规定的除外。结合以上法律及司法解释,由此可见,某些合同纠纷在《民法典》生效后的诉请解除时间仅有1年,具有合同解除权一方如果在1年内不主张解除合同的,则解除权归于消灭。如本案中的汽车销售公司与甲国际贸易公司之间的涉案合同签订于2017年11月1日,已经于2017年11月4日履行完毕,而汽车销售公司于2021年12月2日庭审时才主张解除合同,即使汽车销售公司享有法定解除权,该权利也已经消灭。

4. 根据《最高人民法院关于民事诉讼证据的若干规定》第14条的规定,微信聊天记录视为电子数据,可以作为证据使用。如本案中赵某甲就是通过微信记录证据证明对自己有利的两个关键事实:一是赵某甲在2018年9月6日已明确涉案车辆在出售前已经告知宿某没有一致性证书的情况,宿某对此并未予以反驳和否认;二是微信中亦可以显示伪造的一致性证书系由宿某拍照发送给赵某甲。实务中,为使微信聊天记录更好地作为证据使用,要注意以下三点:(1)在手机上的微信聊天记录证据不能删除,因为庭审时法官要查看原始载体;(2)要注意收集可以证实微信号归属人及使用人身份情况的证据,进一步确认微信聊天的对方与案件对方当事人的关系情况,以及是否可以代表对方当事人;(3)必须提供完整的微信聊天记录,不可随意截取或删除。

5. 无论在起诉状、答辩状、代理词等书面材料中，还是在法庭调查、法庭辩论中，当事人或代理人，都应认真考虑，谨言慎行，对于自己没做过的事情不能承认，对自己不了解的情况不能乱发表意见，否则形成诉讼上的“自认”，将蒙受不必要的损失。如本案中赵某甲在另案诉讼过程中对于自己曾向汽车销售公司交付一致性证书进行过自认，该自认对赵某甲十分不利。最后法院对赵某甲的自认不予确认，是因为赵某甲最后提供相关证据证实其没有提供过该车辆一致性证书。如果赵某甲后来不能提供证据予以证明，其将面临败诉的法律后果。

**【法条链接】**

**《最高人民法院关于适用〈中华人民共和国民法典〉时间效力的若干规定》**

**第一条** 民法典施行后的法律事实引起的民事纠纷案件，适用民法典的规定。

民法典施行前的法律事实引起的民事纠纷案件，适用当时的法律、司法解释的规定，但是法律、司法解释另有规定的除外。

民法典施行前的法律事实持续至民法典施行后，该法律事实引起的民事纠纷案件，适用民法典的规定，但是法律、司法解释另有规定的除外。

**《民法典》**

**第五百零九条第一款** 当事人应当按照约定全面履行自己的义务。

**第五百六十三条** 有下列情形之一的，当事人可以解除合同：

……

（四）当事人一方迟延履行债务或者有其他违约行为致使不能实现合同目的；

……

**第五百六十四条** 法律规定或者当事人约定解除权行使期限，期限届满当事人不行使的，该权利消灭。

法律没有规定或者当事人没有约定解除权行使期限,自解除人知道或者应当知道解除事由之日起一年内不行使,或者经对方催告后在合理期限内不行使的,该权利消灭。

**《最高人民法院关于〈民事诉讼证据的若干规定〉的决定》**

**第十四条**　电子数据包括下列信息、电子文件:

(一)网页、博客、微博客等网络平台发布的信息;

(二)手机短信、电子邮件、即时通信、通讯群组等网络应用服务的通信信息;

(三)用户注册信息、身份认证信息、电子交易记录、通信记录、登录日志等信息;

(四)文档、图片、音频、视频、数字证书、计算机程序等电子文件;

(五)其他以数字化形式存储、处理、传输的能够证明案件事实的信息。

**第十五条**　当事人以视听资料作为证据的,应当提供存储该视听资料的原始载体。

当事人以电子数据作为证据的,应当提供原件。电子数据的制作者制作的与原件一致的副本,或者直接来源于电子数据的打印件或其他可以显示、识别的输出介质,视为电子数据的原件。

**《最高人民法院关于适用〈中华人民共和国民事诉讼法〉的解释》**

**第九十二条**　一方当事人在法庭审理中,或者在起诉状、答辩状、代理词等书面材料中,对于己不利的事实明确表示承认的,另一方当事人无需举证证明。

对于涉及身份关系、国家利益、社会公共利益等应当由人民法院依职权调查的事实,不适用前款自认的规定。

自认的事实与查明的事实不符的,人民法院不予确认。

# 十七、使用他人注册商标作为企业字号，构成侵权与不正当竞争

## ——天津某人才服务有限公司与天津某人才发展有限公司侵害商标权及不正当竞争纠纷案

**【基本案情】**

案由:侵害商标权及不正当竞争纠纷

原告:天津某人才服务有限公司(以下简称人才服务公司)

代理人:天津澍泽律师事务所

被告:天津某人才发展有限公司(以下简称人才发展公司)

人才服务公司于2017年3月16日经天津市滨海新区市场监督管理局登记成立;经营范围包括收集、整理、储存和发布人力资源供求信息,提供职业指导,从事职业介绍,组织人力资源招聘,提供人力资源咨询等。人才服务公司于2018年3月20日,受让取得商标注册号为17114×××的“海×人才”文字注册商标专用权。该商标的国际分类号为35类;专用权期限为2016年8月7日至2026年8月6日;商标核准使用的范围:人员招收,为挑选人才而进行的心理测试,人事管理咨询,替他人写简历,商业中介服务,为商品和服务的买卖双方提供在线市场,通过网站提供商业信息,计算机网络上的在线广告,广告宣传,职业介绍所;类似群:3501、3502、3503、3504、3506。

人才服务公司及其前身天津纳某人才服务有限公司多年以来,经过全体员工的努力,已在本行业产生了一定的影响,取得了一定的品牌效应。人才服务公司通过线下经营和线上海×人才网及海×人才公众号经营,现有客户涉及全国各地,业务范围涉及境内外,业务量日益增大。

人才发展公司于2020年7月10日成立,其经营范围为许可项目和一般项目。许可项目:人力资源服务(不含职业中介活动、劳务派遣服务);职业中介活动(依法须经批准的项目,经相关部门批准后方可开展经营活动,具体经营项目以相关部门批准文件或许可证件为准)。一般项目:劳务服务(不含劳务派遣);教育咨询服务(不含涉许可审批的教育培训活动)。

2020年7月中下旬,人才服务公司通过人才发展公司的微信公众号和相关公众向人才服务公司查询和咨询发现,人才发展公司在其微信公众号中,将人才服务公司的第17114430号注册商标"海×人才"作为企业标志显著使用,并在其公司登记的企业名称使用了人才服务公司的注册商标"海×人才"作为字号。

**【澍泽代理】**

人才服务公司发现自己的注册商标被他人盗用并注册为企业名称后,存在以下顾虑:人才服务公司经过多年的经营,已经具有一定的商誉,获得社会的认可。商标是用来识别商品或服务来源的商业标识,企业名称是识别商品或者服务提供者的标识。人才发展公司将人才服务公司的注册商标作为企业标志显著使用,会使大众产生混淆,误以为人才发展公司与人才服务公司为同一主体,若人才发展公司在经营过程中有不良行为也将会给人才服务公司造成不良影响。为此,人才服务公司决定诉至法院,并委托澍泽律师作为本案诉讼的代理人。

接受委托后,为收集、固定人才发展公司的侵权证据,澍泽律师第一时间向天津市大港公证处申请证据保全公证。天津市大港公证处出具的(2020)津大港证经字第××号公证书证实:登录微信后,在微信搜索页面,输入“海×人才”,出现多个搜索结果,其中第一个为公司所注册运营,第三个为“天津海×人才”,点击该公众号进去在该公众号的左上方有“海×人才”字样,在下面显示的文章中亦有“海×人才”字样,账号主体显示为人才发展公司,公众号简介“人才发展公司,盛世易诚,控股企业,本单位于2009年进入培训行业,服务津门十余载!核心业务涵盖公务员、事业单位、教师招聘、银行等岗位应聘辅导。为考生提供公职类考试信息、考试题库、备考指导,是全国职前教育,岗前培训的领先者!”该微信公众号于2020年8月14日完成微信认证。

本案属于在后字号与在先注册商标的冲突问题,经过分析研究,澍泽律师将本案的争议焦点归纳为:(1)人才发展公司在微信公众号中使用“海×人才”的标识,是否侵犯人才服务公司的商标专用权;(2)人才发展公司将易海河注册的商标用作企业字号,是否构成不正当竞争;(3)如果构成侵权与不正当竞争,应当如何追究人才发展公司的法律责任。

对于上述焦点问题,澍泽律师提出如下观点:

1.人才发展公司在微信公众号中使用“海×人才”的标识,构成侵犯人才服务公司的商标专用权。

根据《商标法》第57条第1项的规定,未经商标注册人的许可,在同一种商品上使用与其注册商标相同的商标的,属侵犯注册商标专用权行为;第2项规定,未经商标注册人的许可,在同一种商品上使用与其注册商标近似的商标,或者在类似商品上使用与其注册商标相同或者近似的商标,容易导致混淆的,亦构成侵犯注册商标专用权行为。

本案中,人才发展公司的经营范围包括人力资源服务、职业中介活动、劳务服务(不含劳务派遣)、教育咨询服务等,与人才服务公司注册商标的核定服务项目相同、相近或相似,其在微信公众号的相关宣传介绍是其经营活动的一部分,其在微信公众号的文章及页面中突出使用“海×人才”标识,显然具有识别服务来源的作用。因此,人才发展公司未经许可在其经营过程中突出使用与人才服务公司的注册商标“海×人才"相同的标识,其行为构成侵犯人才服务公司的注册商标专用权。

2. 人才发展公司将易海河注册的商标用作企业字号,构成不正当竞争。

根据《商标法》第58条的规定,将他人注册商标、未注册的驰名商标作为企业名称中的字号使用,误导公众,构成不正当竞争行为的,依照《反不正当竞争法》处理。《反不正当竞争法》第6条规定,"经营者不得实施下列混淆行为,引人误认为是他人商品或者与他人存在特定联系:……(四)其他足以引人误认为是他人商品或者与他人存在特定联系的混淆行为"。第17条第1款、第2款规定,"经营者违反本法规定,给他人造成损害的,应当依法承担民事责任;经营者的合法权益受到不正当竞争行为损害的,可以向人民法院提起诉讼"。

本案中,"海×人才"商标已获得注册,且在当地已经成为有一定影响力的商标,人才发展公司使用"海×人才"作为企业字号,显然具有攀附"海×人才"知名度的故意。而且,人才发展公司的经营范围与人才服务公司高度相关,极易使一般公众认为人才发展公司与"海×人才"存在特定联系。人才发展公司的行为违反了经营者应当遵守的公平竞争和诚实信用原则,构成对人才服务公司的不正当竞争。

3. 关于如何追究人才发展公司的法律责任。

根据《商标法》第63条第1款的规定,侵犯商标专用权的赔偿数额,按照权利人因被侵权所受到的实际损失确定;实际损失难以确定的,可以按照侵权人因侵权所获得的利益确定;权利人的损失或者侵权人获得的利益难以确定的,参照该商标许可使用费的倍数合理确定。对恶意侵犯商标专用权,情节严重的,可以在按照上述方法确定数额的1倍以上5倍以下确定赔偿数额。赔偿数额应当包括权利人为制止侵权行为所支付的合理开支。第3款规定,权利人因被侵权所受到的实际损失、侵权人因侵权所获得的利益、注册商标许可使用费难以确定的,由人民法院根据侵权行为的情节判决给予500万元以下的赔偿。根据《反不正当竞争法》第17条第3款的规定,因不正当竞争行为受到损害的经营者的赔偿数额，按照其因被侵权所受到的实际损失确定；实际损失难以计算的，按照侵权人因侵权所获得的利益确定。赔偿数额还应当包括经营者为制止侵权行为所支付的合理开支。第4款规定，经营者违反《反不正当竞争法》第6条、第9条规定，权利人因被侵权所受到的实际损失、侵权人因侵权所获得的利益难以确定的，由人民法院根据侵权行为的情节判决给予权利人500万元以下的赔偿。《最高人民法院关于审理商标民事纠纷案件适用法律若干问题的解释》(2002年)第16条第2款规定，人民法院在确定赔偿数额时，应当考虑侵权行为的性质、期间、后果，商标的声誉，商标使用许可费的数额，商标使用许可的种类、时间、范围及制止侵权行为的合理开支等因素综合确定。

本案中，由于人才发展公司成立于2020年7月10日，人才服务公司于2020年7月中下旬发现人才发展公司的侵权行为，侵权时间较短。从已收集的证据来看，人才发展公司难以证明实际损失或人才服务公司因此获得的利益，故如何合理主张赔偿数额是一个比较纠结的问题。对人才发展公司来说，如果主张赔偿数额太高，若不能全部得到法官支持，会增加诉讼费用成本。因此澍泽律师建议索赔数额不宜定得过高。

人才服务公司经综合考虑，最终将索赔数额确定为20万元。为此，澍泽律师于2020年9月8日代理人才服务公司向天津市滨海新区人民法院提起诉讼，诉请：(1)人才发展公司立即停止侵犯人才服务公司商标专用权的行为；(2)人才发展公司立即停止不正当竞争行为，即立即停止在其企业名称中将人才服务公司第17114×××号注册商标“海×人才”作为字号使用的行为，并变更企业名称；(3)判令人才发展公司在海×人才网的显著位置刊登消除影响声明；(4)判令人才发展公司赔偿人才服务公司经济损失及为制止侵权行为和不正当竞争行为所支出的合理费用20万元(人才服务公司为此次维权聘请了律师并支出律师费50,000元，提交了公证费发票证明其为此次维权支出公证费用2000元)；(5)诉讼费用由人才发展公司承担。

**【审理情况】**

法院经审理作出如下判决:

1. 人才发展公司于本判决生效之日起立即停止侵害第17114×××号注册商标专用权的行为,即立即停止其微信公众号中使用“海×人才”字样;

2. 人才发展公司于本判决生效之日起10日内到工商行政管理机关变更企业名称,变更后的企业名称中不得含有“海×人才”字样;

3. 人才发展公司于本判决生效之日起10日内赔偿人才服务公司经济损失以及为制止侵权所支出的合理开支共计70,000元;

4. 驳回人才服务公司易海河的其他诉讼请求。

**【办案心得】**

法院判决主要思路与澍泽律师代理思路基本吻合,本案的大部分诉讼请求得到法院支持,基本实现客户的预期诉讼目标,得到客户的大力肯定。判决生效后,人才发展公司变更了企业名称及向人才服务公司支付了70,000元赔偿款。

本案属于商标权与企业名称权冲突的典型案例。近年来,随着经济的高速发展,品牌使用给商品生产者与流通者带来了巨大的经济和社会效益,而经营领域中商标权与企业名称权的冲突则愈演愈烈。现实中,部分经营者为了攀附知名品牌的商誉,往往试图披上企业名称这一合法的“外衣”,利用商标和字号功能的相似性,注册与知名品牌相似的企业名称,引起公众的混淆和误认,从而攫取不正当利益。由于知识产权案件的特殊性,人民法院在对该类型的侵权行为或不正当竞争行为认定时,会结合社会影响、社会效果以及国家当前的政策形势等因素综合考虑再作裁判。司法实践中,侵权人往往会从原告公司的注册商标的影响力和知名度、地域范围以及是否为商标化使用等角度进行抗辩,由于最终的认定权在人民法院,因此对该案件的最终处理结果,很难做出准确预测。本案对如何区别适用《商标法》《反不正当竞争法》的相关条款处理该类型案件具有参考意义，对营造法治化营商环境起到积极作用。

**【启示与提醒】**

就创业者或拟设立子公司的企业而言，将他人的注册商标或未注册的驰名商标作为企业的字号使用，一旦被权利人发现，将被诉侵权。为规避相应法律风险，建议如下：

1. 在申请登记企业字号前，务必注意对在先商标注册信息以及同行业企业字号进行充分检索，以避免权利冲突。我国企业登记与商标注册管理，分属不同系统。取得企业名称需要在相关市场监督管理部门进行登记，市场监督管理部门在对企业名称进行审核时，并不会对其是否与在先注册商标冲突进行严格审核，一方面是由于登记机关与审查机制的不同，另一方面也是由于尚不能形成统一的审核标准。企业申请注册商标是由国家知识产权局商标局予与审查与核准，实质审查时往往无法审查该商标标识与企业在先字号权之间是否存在冲突。

2. 应当诚信经营，不得为“搭便车”“傍名牌”而故意使用他人的注册商标或未注册的驰名商标。如本案人才发展公司的创始人本想借助人才服务公司的声誉谋取不正当利益，最终不仅没得到任何好处，而且还受到法律制裁，得不偿失。对已注册商标的企业而言，当发现他人将自己的注册商标用作企业字号，应当第一时间向公证处申请证据保全公证。固定证据后，应及时向人民法院提起民事诉讼。需要提醒的是，取得公证书后应仔细检查公证书的内容是否有遗漏或错误，保全内容与公证书记载是否存在矛盾等，以免记载有误影响公证书的客观真实性而不被法院采纳。

**【法条链接】**

**《商标法》**

**第五十七条**　有下列行为之一的，均属侵犯注册商标专用权：

(一)未经商标注册人的许可,在同一种商品上使用与其注册商标相同的商标的;

(二)未经商标注册人的许可,在同一种商品上使用与其注册商标近似的商标,或者在类似商品上使用与其注册商标相同或者近似的商标,容易导致混淆的;

(三)销售侵犯注册商标专用权的商品的;

(四)伪造、擅自制造他人注册商标标识或者销售伪造、擅自制造的注册商标标识的;

(五)未经商标注册人同意,更换其注册商标并将该更换商标的商品又投入市场的;

(六)故意为侵犯他人商标专用权行为提供便利条件,帮助他人实施侵犯商标专用权行为的;

(七)给他人的注册商标专用权造成其他损害的。

**第五十八条**　将他人注册商标、未注册的驰名商标作为企业名称中的字号使用,误导公众,构成不正当竞争行为的,依照《中华人民共和国反不正当竞争法》处理。

**第六十三条**　侵犯商标专用权的赔偿数额,按照权利人因被侵权所受到的实际损失确定;实际损失难以确定的,可以按照侵权人因侵权所获得的利益确定;权利人的损失或者侵权人获得的利益难以确定的,参照该商标许可使用费的倍数合理确定。对恶意侵犯商标专用权,情节严重的,可以在按照上述方法确定数额的一倍以上五倍以下确定赔偿数额。赔偿数额应当包括权利人为制止侵权行为所支付的合理开支。

人民法院为确定赔偿数额,在权利人已经尽力举证,而与侵权行为相关的账簿、资料主要由侵权人掌握的情况下,可以责令侵权人提供与侵权行为相关的账簿、资料;侵权人不提供或者提供虚假的账簿、资料的,人民法院可以参考权利人的主张和提供的证据判定赔偿数额。

权利人因被侵权所受到的实际损失、侵权人因侵权所获得的利益、注册商标许可使用费难以确定的,由人民法院根据侵权行为的情节判决给予五百万元以下的赔偿。

人民法院审理商标纠纷案件，应权利人请求，对属于假冒注册商标的商品，除特殊情况外，责令销毁；对主要用于制造假冒注册商标的商品的材料、工具，责令销毁，且不予补偿；或者在特殊情况下，责令禁止前述材料、工具进入商业渠道，且不予补偿。

假冒注册商标的商品不得在仅去除假冒注册商标后进入商业渠道。

**《反不正当竞争法》**

**第六条**　经营者不得实施下列混淆行为，引人误认为是他人商品或者与他人存在特定联系：

（一）擅自使用与他人有一定影响的商品名称、包装、装潢等相同或者近似的标识；

（二）擅自使用他人有一定影响的企业名称（包括简称、字号等）、社会组织名称（包括简称等）、姓名（包括笔名、艺名、译名等）；

（三）擅自使用他人有一定影响的域名主体部分、网站名称、网页等；

（四）其他足以引人误认为是他人商品或者与他人存在特定联系的混淆行为。

**第十七条**　经营者违反本法规定，给他人造成损害的，应当依法承担民事责任。

经营者的合法权益受到不正当竞争行为损害的，可以向人民法院提起诉讼。

因不正当竞争行为受到损害的经营者的赔偿数额，按照其因被侵权所受到的实际损失确定；实际损失难以计算的，按照侵权人因侵权所获得的利益确定。经营者恶意实施侵犯商业秘密行为，情节严重的，可以在按照上述方法确定数额的一倍以上五倍以下确定赔偿数额。赔偿数额还应当包括经营者为制止侵权行为所支付的合理开支。

经营者违反本法第六条、第九条规定，权利人因被侵权所受到的实际损失、侵权人因侵权所获得的利益难以确定的，由人民法院根据侵权行为的情节判决给予权利人五百万元以下的赔偿。

**《最高人民法院关于审理商标民事纠纷案件适用法律若干问题的解释》**

**第十六条**　权利人因被侵权所受到的实际损失、侵权人因侵权所获得的利益、注册商标使用许可费均难以确定的,人民法院可以根据当事人的请求或者依职权适用商标法第六十三条第三款的规定确定赔偿数额。

人民法院在适用商标法第六十三条第三款规定确定赔偿数额时,应当考虑侵权行为的性质、期间、后果,侵权人的主观过错程度,商标的声誉及制止侵权行为的合理开支等因素综合确定。

当事人按照本条第一款的规定就赔偿数额达成协议的,应当准许。

## 十八、公司账户与股东存在长期、大量的资金往来，股东应对公司所负债务承担连带责任

——天津某商贸有限公司与天津市某建筑工程有限公司、蒋某某、马某某等买卖合同纠纷案

**【基本案情】**

案由：买卖合同纠纷

原告：天津某商贸有限公司（以下简称商贸公司）

代理人：天津澍泽律师事务所

被告：天津市某建筑工程有限公司（以下简称天津建筑公司）

被告：蒋某某

被告：马某某

第三人：北京某建筑工程发展有限公司（以下简称北京建筑公司）

第三人：天津某科技发展有限公司（以下简称天津科技发展公司）

商贸公司的业务员郑某栋与马某某联系，由马某某介绍天津建筑公司与商贸公司签订买卖合同。2020 年 5 月 10 日，商贸公司作为供货方，天津建筑公司作为购货方，双方签订了编号为 HY202005 的《木方、模板买卖合同》，标的物分别为：(1)方木，规格、型号为每根 4 ×7 ×3（米），单

价15.8元;(2)建筑模板,规格、型号为每张1220×2440(毫米),单价为85元;(3)建筑模板,规格、型号为每张1830×915(毫米),单价为52.8元;(4)脚手板,规格、型号为每块4×18×4(米),单价为67元。合同约定实际欠款总额以送货单累计总额为准,合同单价不含税。质量要求按国家标准执行。供货方送到购货方指定的工地:天津市武清区高村镇汇旺路南侧;使用货物的工程名称为:某建工集团有限公司承建京津冀大数据基地A1、A2、A5、A6、D1、D20;购货方指定的收货人为李某铁或马某某。合同第六条约定了结算方式、时间、地点:以送货单或欠款单实际数量为准结算。货到购货方指定工地之日起,每月月底付清当月所送全部货款,如逾期付款购方须自供货日起按总欠款的月息2.5%加付给供货方作补偿金。该合同还约定了其他内容,合同后部供货方一处加盖有商贸公司的公章以及委托代理人郑某森的签字,购货方一处加盖有天津建筑公司的公章以及法定代表人蒋某某的签字,担保人一处有马某某本人的签字以及捺印。

2020年5月1日,出现一份商贸公司作为供货方,北京建筑公司作为购货方,编号为MZM202005的《木方、模板买卖合同》,标的物与编号为HY202005的合同项下的标的物一致,货物的交货地点与所用工程项目、指定收货人亦一致,除合同第六条的结算方式、时间、地点的内容不一致,其余内容并无二致。合同后部供货方一处加盖有商贸公司的公章,购货方一处和担保人一处均为马某某本人签字,未出现北京建筑公司的公章或签字。

2020年7月8日,出现一份天津科技发展公司作为供货方,北京建筑公司作为购货方,编号为SHD20200708的《木方、模板买卖合同》,标的物与前述两份合同均一致,货物的交货地点与所用工程项目、指定收货人亦一致,合同第六条的结算方式、时间、地点的内容与编号为MZM202005的合同一致,其余内容并无二致。合同后部供货方一处加盖有天津科技发展公司的公章和庄某雷的签字,购货方一处为马某某本人签字,未出现北京建筑公司的公章,监管人一处为王某鹏签字。

根据商贸公司提供的送货单载明的内容，自2020年5月21日至12月11日，位于天津市武清区高村镇汇旺路南侧的由某建工集团有限公司承建的京津冀大数据基地中心工程项目工地累计收到木方、建筑模板等货物的金额达到9,181,736元，扣除2020年11月6日的26,2752元（根据马某某提供的有特别约定的送货单）后为8,918,984元。送货单中的货物品名、规格与书面合同约定的大体一致，实际发生的货物单价存在部分差异。送货单中均出现有李某铁或马某某的签字。部分送货单中在购货单位一处注明有“天津建筑公司”，部分送货单没有在该处注明此内容。送货单中供货单位一处的签字有郑某栋、庄某雷、庄某亮、郑某森等人，但案涉的三份书面买卖合同中并未约定有指定的供货人员。

根据商贸公司提交的付款凭证，2020年7月28日，天津建筑公司向商贸公司账户转账20万元，2020年8月28日马某某转给郑某森30万元，2020年8月29日，蒋某某转给郑某森50万元，2020年8月31日，马某某转给郑某森20万元，2020年12月14日，天津建筑公司向商贸公司转账200万元。

2021年3月30日，天津建筑公司的工作人员唐某接收了商贸公司开具的增值税专用发票36张，共计金额3,950,672元。

法院受理本案后，商贸公司向法庭申请了律师调查令，对天津建筑公司名下的交通银行天津宝堆支行（卡号××××）的账户交易明细进行了调取。交易明细显示，自2015年3月至2021年8月，天津建筑公司账户与蒋某某及其妻子岳某静个人账户之间存在长期、大量频繁的交易往来，累计数额巨大；双方相互汇入对方账户的数额相抵后显示，由天津建筑公司账户汇入蒋某某及其妻子岳某静个人账户的累计金额超过2亿元。

商贸公司的股东为郑某森和黄某群，天津建筑公司的股东为蒋某某（亦为法定代表人）和岳某静，天津科技发展公司的股东为庄某雷和庄某亮。天津建筑公司自2019年4月起为马某某缴纳社保。商贸公司与天津建筑公司在庭审中均自认除了本案所涉合同外,双方没有其他的债权债务等经济往来。

本案第一次庭审后,为查清事实,法院依职权追加了北京建筑公司与天津科技发展公司作为第三人到庭参加诉讼。

**【澍泽代理】**

因三被告拖欠商贸公司货款,多次催索无果,商贸公司诉至法院,并在诉讼过程中委托澍泽律师作为本案诉讼的代理人。

接受委托后,澍泽律师认真查阅了委托人立案时提供的相关证据,并向委托人详细了解了案情,指出:仅凭委托人立案提供的证据尚不足以追究天津建筑公司股东将某某的民事责任。澍泽律师根据以往办案经验,发现当前大部分有限责任公司存在"公款私存"、股东随意占用公司资金不做财务处理等股东滥用公司独立法人地位和股东有限责任侵害债权人利益的行为。为此,澍泽律师建议委托人向人民法院申请调查令调取天津建筑公司银行交易明细以及将某某个人银行账户交易明细,用以证明天津建筑公司股东是否存在上述侵权行为。调取银行交易明细后发现天津建筑公司账户与大股东蒋某某及其妻子个人账户之间自该公司成立以来一直存在大量、频繁的资金往来,且往来资金多数都是工程款、保证金等与公司业务有关的资金。之后,澍泽律师征得委托人同意调整了部分诉讼请求。

本案经过法庭调查、辩论等程序后,澍泽律师向天津市东丽区人民法院提出如下代理意见:

本案当事人的主要争议焦点为:(1)商贸公司与天津建筑公司买卖合同实际履行的供货数量、价款;(2)蒋某某应否对天津建筑公司所负商贸公司债务承担连带清偿责任;(3)聘请律师的费用应否由被告负担。

1.关于第一个焦点问题,商贸公司与天津建筑公司买卖合同实际履行的供货数量、价款。

商贸公司提供的证据足以证明，商贸公司与天津建筑公司2020年5月10日签订买卖合同后，自2020年5月21日至12月11日累计向天津建筑公司供货价值9,181,736元。商贸公司提供的54张供货单中均有天津建筑公司指定收货人李某铁或马某某签收。天津建筑公司收到商贸公司开具的36张金额总计3,950,672元的增值税专用发票后至今未提出任何异议。天津建筑公司在9月1日第一次开庭时抗辩其只收到价值220万元的货物，并已支付完毕与事实不符。通过对天津建筑公司认可的由商贸公司工作人员郑某栋送货的且标注购买人为天津建筑公司的16张送货单项下货款进行统计总值只有1,931,592元，证明天津建筑公司所述与事实严重不符，其抗辩意见不能成立。

另外，天津建筑公司、马某某抗辩商贸公司诉讼请求中有大部分货物是商贸公司及第三人天津科技发展公司向第三人北京建筑公司履行的，但其提供的相关证据不足以证明其主张的事实成立，第三人也对此进行了否认。因此，天津建筑公司、马某某上述抗辩意见亦不能成立。

2. 关于第二个焦点问题，蒋某某是否应当对天津建筑公司所负商贸公司债务承担连带责任。

《公司法》第20条第3款规定，公司股东滥用公司法人独立地位和股东有限责任，逃避债务，严重损害公司债权人利益的，应当对公司债务承担连带责任。第171条规定，公司除法定的会计账簿外，不得另立会计账簿。对公司资产，不得以任何个人名义开立账户存储。

商贸公司申请法院调查令调取的天津建筑公司银行交易明细证明，自2015年3月至2021年8月，天津建筑公司账户与股东蒋某某及其妻子岳某静个人账户之间长期存在大量的频繁的资金往来，且往来的资金均为天津建筑公司业务往来资金。其规律是进入公司账户的工程款当日或极短时间内即从公司账户转入蒋某某和岳某静个人账户，公司需要对外支付材料款、工程投标保证金等再从蒋某某或者岳某静个人账户转入。根据法律规定，公司账户与管理人员、股东账户之间不得进行非法资金往来，以保证公司财产的独立性和正常的经济秩序。天津建筑公司、蒋某某及其妻子的行为严重违反法律、行政法规,导致股东财产与公司财产混同,无法区分。蒋某某应当依法对上述转账行为给予合理解释,并提供其个人财产与公司财产并未混同的证据,否则应当依法对公司所负债务承担连带清偿责任。

3. 关于第三个焦点问题,商贸公司聘请律师的费用应否由被告负担。本案诉讼是因天津建筑公司违约引起的,商贸公司为保障其合法权益,聘请专业律师为其提供法律服务所承担的律师费应当属于违约产生的损失,而且3万元的律师费用远远低于行业收费标准。通过法庭审理,天津建筑公司、蒋某某为了逃避责任极力编造事实、混淆视听,商贸公司聘请律师为其提供法律服务系合理的必要的,因此,该部分费用依法应当由三被告共同承担。

**【审理情况】**

天津建筑公司辩称,天津建筑公司并未承接京津冀大数据基地相关项目,与商贸公司签订《木方、模板买卖合同》是基于马某某所代表的北京建筑公司承接的项目代为采购,仅是项目的A1、A2工程。根据马某某提交给天津建筑公司的收料单据,天津建筑公司已将相应款项支付给商贸公司,不欠付商贸公司款项。天津建筑公司收到诉状后,向马某某了解的有关情况,商贸公司在与天津建筑公司进行交易的同时,还与北京建筑公司签订过合同并实际履行,该买卖行为与商贸公司和天津建筑公司之间的合同无关,在天津建筑公司从法院查阅到的相关材料看,有庄某亮、庄某雷所送货物均是天津科技发展公司与北京建筑公司合同项下的交易,更与本案无关。商贸公司将其他合同项下的交易,放在商贸公司与天津建筑公司合同项下并故意隐瞒相关情形,实属欺诈。综上,请求驳回商贸公司对天津建筑公司的诉讼请求。

蒋某某辩称,蒋某某不是合同当事人,天津建筑公司是二人公司,也不存在法律上对公司债务承担的依据。商贸公司要求其承担责任没有法律依据,要求驳回商贸公司诉请。

马某某辩称，不认可商贸公司的全部诉请，商贸公司在本案中主张的合同关系，双方已经履行完毕了。马某某本人确实在本案合同中担保人处签字了。

北京建筑公司辩称，北京建筑公司与商贸公司、天津建筑公司之间没有业务往来，不存在买卖关系。对商贸公司的诉请不认可，本案与北京建筑公司没有任何关系。

天津科技发展公司辩称，对商贸公司与被告之间的纠纷不清楚，对商贸公司诉请不发表意见。

天津市东丽区人民法院审理认为，本案的争议焦点如下：(1)商贸公司提交的送货单是否对应的均为本案编号 HY202005 合同项下发生的货款；(2)天津建筑公司是否应当承担付款责任以及责任范围；(3)蒋某某是否与天津建筑公司形成财产混同并进而承担连带责任；(4)马某某作为保证人是否应当承担相应的保证责任，如果承担，系何种保证责任以及责任范围。法院将分点做如下分析。

1. 商贸公司提交的送货单是否对应的均为本案编号 HY202005 合同项下发生的货款的问题。

关于争议焦点一，商贸公司主张送货单所发生的货款均对应的合同为其作为起诉基础的编号 HY202005 的合同，而三被告则认为送货单对应的为不同的合同。对此，法院认为应从以下几个方面来进行分析认定：

(1)从三份合同以及送货单的外观形式来看。

本案中出现的三份《木方、模板买卖合同》，从合同首部供货方和购货方的缔约主体看，分别有商贸公司、天津建筑公司之间的编号 HY202005 的合同，商贸公司、北京建筑公司之间的编号 MZM202005 的合同，天津科技发展公司、北京建筑公司之间的编号 SHD20200708 的合同。上述三份合同有共同之处，即约定的标的物种类和单价均相同，供货地点和工程项目、指定收货人也相同。送货单中出现的送货地点和项目以及收货人均可与三份合同约定的上述关键内容相匹配，说明上述合同至少有一份被实际履行,但三份合同是否均已经履行则存在疑问。编号 HY202005 的合同形式最为完整,在合同签订的后部,购货方和供货方的签章形式完备,合同已然成立并生效,该合同系商贸公司与天津建筑公司之间的真实意思表示,不违反法律、行政法规的强制性规定,应属合法有效;而编号 MZM202005 和编号 SHD20200708 的合同虽在供货方处分别加盖有商贸公司和天津科技发展公司的公章,但购货方处仅有马某某个人的签字,无法体现出购货方北京建筑公司对此进行了确认的意思表示,这两份合同从外观形式上无法看出已经成立并生效。

关于三被告提出的仅认可送货单中购货单位为天津建筑公司且送货人为郑某栋的部分送货单的意见,法院认为,案涉合同并未特别约定送货单中必须注明购货单位的具体信息,也没有约定指定的送货人,被告亦未提供其他证据证明双方就此另行补充约定,应当承担举证不能的法律后果,故法院对被告的这一主张不予支持。

(2)从付款的指向情况来看。

商贸公司主张发生在天津建筑公司向商贸公司转账、马某某向郑某森转账、蒋某某向郑某森转账的累计 320 万元款项均为天津建筑公司支付本案编号 HY202005 的合同项下的货款,而天津建筑公司、蒋某某则主张该合同累计发生货款数额仅为天津建筑公司向商贸公司转账的 220 万元,双方分歧较大。对此,法院认为,天津建筑公司、蒋某某无法合理解释蒋某某直接向郑某森转账 50 万元的行为,其虽主张该款项是由蒋某某借给马某某的钱,且马某某表示该款项支付的是编号 MZM202005 合同项下的货款,但是均没有充分加以举证证明,并且商贸公司与天津建筑公司除了本案所涉合同外,双方没有其他的债权债务等经济往来,那么蒋某某作为天津建筑公司的法定代表人向商贸公司工作人员郑某森转账的行为只能解释为对本案编号 HY202005 的合同的付款行为,故法院对被告所述内容实难采信。因此,从发生的付款指向来看,由天津建筑公司、蒋某某一方向商贸公司、郑某森一方转账的数额已经超过了被告主张的发生货款仅为 220 万元的数额,故商贸公司主张的已付款均应指向编号 HY202005 的合同项下的货款。

（3）从第三人北京建筑公司、天津科技发展公司的当庭陈述来看。

由于三被告均主张送货单对应数份合同，因此法院依职权将另外两份合同中出现的缔约主体北京建筑公司和天津科技发展公司追加为第三人到庭参加诉讼。北京建筑公司称，其与天津建筑公司没有业务往来，不存在买卖关系，否认与商贸公司、天津科技发展公司签订了合同。天津科技发展公司述称，其与北京建筑公司在马某某的介绍下有缔约意向，但己方盖章后最终并未得到北京建筑公司的确认和同意。从第三人的陈述可以进一步表明，编号 MZM202005 和编号 SHD20200708 的合同仅仅停留在缔约和磋商的阶段，并未在对应的相对方之间最终实现合同的成立。上述结论再次与被告的主张相矛盾。

（4）从商贸公司为天津建筑公司开具的发票来看。

在买卖合同的履行过程中，开具发票是一种常规的附随性义务。发票是指在购销商品、提供或者接受服务以及从事其他经营活动中，开具、收取的收付款项凭证。根据我国现行税制，发票可以分为增值税专用发票和普通发票两类。增值税专用发票是一般纳税人销售货物或者提供应税劳务开具的发票，是购买方支付增值税额并可按照增值税有关规定据以抵扣增值税进项税额的凭证。增值税专用发票只有增值税一般纳税人或者税务机关为增值税小规模纳税人代开时使用。本案中商贸公司为天津建筑公司开具的即为增值税专用发票，开具金额达到 3,950,672 元，远超天津建筑公司主张的发生货款仅为 220 万元的数额。并且天津建筑公司对于上述发票亦进行了签收，应当视为对于商贸公司开具发票行为的认可。至于天津建筑公司主张虽然签收了上述发票，但抵扣数额仅为 220 万元的内容，法院认为，发票是否最终抵扣与买方是否认可卖方开具的发票之间并无必然联系，且天津建筑公司与商贸公司之间发生的送货交易均在 2020 年，而天津建筑公司签收发票的时间为 2021 年 3 月，在此时应能够推定天津建筑公司对于之前已经发生的货款数额是清楚并知晓的，如果其对于开具发票存在异议，完全可以拒绝签收,因此其签收发票的实际行为与庭审陈述的观点存在矛盾之处,且无法加以合理解释,故法院对天津建筑公司的主张不予支持。

(5)从马某某的身份来看。

首先,马某某认为其作为北京建筑公司的员工,代表北京建筑公司签订了编号 MZM202005 和编号 SHD20200708 的合同,并且马某某认为其提供的分包合同中体现出其作为该合同项下的委托代理人,但是该委托事项对应的是北京建筑公司与某建工集团有限公司签订的《京津冀大数据基地 A1、A2、A5、A6、D1、D2 工程土建工程劳务分包合同》,无法体现出其委托代理权限涉及本案的买卖合同的订立及履行事项,且马某某并未提供相应证据证明其已经取得了北京建筑公司允许其签订案涉买卖合同的授权,应当承担举证不能的法律后果。

其次,马某某的社保缴纳是由本案天津建筑公司负责,体现出双方存在特殊的关系,同时考虑到本案编号 HY202005 的合同亦是在马某某介绍联络下由商贸公司与天津建筑公司订立,以及马某某直接向商贸公司工作人员郑某森转账的事实,充分说明马某某在该合同的签订和履行过程中的特殊身份,其在一定程度上构成了对天津建筑公司的表见代理。

综合上述五个方面的分析,法院对争议焦点一得出如下结论:编号 MZM202005 和编号 SHD20200708 的合同在事实上并未成立,也没有实际履行,商贸公司提交的送货单对应的均为本案编号 HY202005 合同项下发生的货款。

2. 天津建筑公司是否应当承担付款责任以及责任范围的问题。

关于争议焦点二,编号 HY202005 合同合法有效,对于商贸公司和天津建筑公司均具有法律约束力,如果存在欠付货款的违约行为,天津建筑公司应当承担相应的违约责任,结合商贸公司的诉讼请求,法院将逐项分析如下:

(1)关于欠付货款数额。

由于在前文已经分析认定案涉送货单产生的货款对应的均为商贸公司与天津建筑公司之间发生的买卖合同,因此双方之间就编号

HY202005 合同累计发生货款数额为 9,181,736 元，扣除 2020 年 11 月 6 日的 262,752 元后为 8,918,984 元。关于已付货款数额问题，天津建筑公司直接向商贸公司转账的 220 万元因双方均无异议，应纳入其中，争议在于个人之间的转账。对此，法院认为，由于郑某森作为商贸公司的股东兼工作人员，同时郑某森在编号 HY202005 合同后部的委托代理人处签字，可以说明郑某森对于案涉合同的签订和履行具有相应的代理权限。蒋某某作为商贸公司的法定代表人，其直接向郑某森进行转账，可以推定为系蒋某某向商贸公司进行代为付款的行为。因马某某与天津建筑公司存在特殊关系，且三份合同仅有编号 HY202005 合同实际得到履行，故马某某向郑某森转账的行为只能纳入对该合同的履行。因此，法院认为，商贸公司提出的天津建筑公司向其已经支付的货款数额为 320 万元的主张，具有事实和法律依据，法院予以支持。最终得出天津建筑公司欠付货款数额为 5,718,984 元。

(2)关于合同中约定的补偿金。

首先，就性质而言，在目前对于买卖合同法律关系的相关法律及司法解释的规定中，并不存在“补偿金”这一法定概念，且双方对该约定的性质存在理解争议，因此必须按照合同所使用的词句、合同的有关条款、合同的目的、交易习惯以及诚实信用原则对其进行解释。按照双方合同第六条约定内容：“货到购货方指定工地之日起，每月月底付清当月所送全部货款。如逾期付款购方须自供货日起按总欠款的月息 2.5% 加付给供货方作补偿金。”该约定中的补偿金本质上是为了补偿守约方因对方违约而产生的损失，兼具补偿性和惩罚性，但以补偿性为主，重点在于弥补守约方的损失，因此应当将双方约定的补偿金的法律性质解释为违约金。

其次，对于商贸公司主张的按照月息 2.5% 标准计算违约金的请求是否能够得到支持的问题。本案庭审中天津建筑公司不同意商贸公司主张的违约金的请求，实际上也是一种对违约金计算标准过高的抗辩。原《合同法》第 114 条规定：“当事人可以约定一方违约时应当根据违约情况向对方支付一定数额的违约金,也可以约定因违约产生的损失赔偿额的计算方法。约定的违约金低于造成的损失的,当事人可以请求人民法院或者仲裁机构予以增加;约定的违约金过分高于造成的损失的,当事人可以请求人民法院或者仲裁机构予以适当减少。当事人就迟延履行约定违约金的,违约方支付违约金后,还应当履行债务。”原《最高人民法院关于适用〈中华人民共和国合同法〉若干问题的解释(二)》第29条规定:“当事人主张约定的违约金过高请求予以适当减少的,人民法院应当以实际损失为基础,兼顾合同的履行情况、当事人的过错程度以及预期利益等综合因素,根据公平原则和诚实信用原则予以衡量,并作出裁决。当事人约定的违约金超过造成损失的百分之三十的,一般可以认定为合同法第一百一十四条第二款规定的‘过分高于造成的损失’。”根据上述法律规定以及本案实际履行情况等,法院酌定将违约金计算标准调整为每日万分之五。

最后,关于案涉合同的履行期限问题。双方在合同中第六条虽然对于结算方式和时间进行了约定,但是实际履行过程中并未严格按照“每月月底付清当月所送全部货款”。根据送货单显示时间,最后一次送货应发生在2020年12月11日左右,此后未再发生过送货,因此案涉合同付款的最后履行期限应认定为2020年12月31日。天津建筑公司在该期限并未按时足额履行付款义务,明显已构成违约。

综合上述分析,关于商贸公司主张的违约金,应当以欠付货款5,718,984元为基数,按照每日万分之五的标准,自2021年1月1日起计算至实际付清货款之日止。

(3)关于律师费和保函费。

商贸公司在本案中主张要求被告承担律师费3万元,但是在案涉买卖合同中并未约定律师费的承担问题,我国也并未实行律师民事强制代理制度,该笔费用支出并非必要的合理支出,故法院对商贸公司关于律师费的请求不予支持。此外,对于保函费,因该笔费用的负担双方亦没有进行约定且该款项也非必要的支出,因此,对该项请求,法院亦不予支持。

3. 蒋某某是否与天津建筑公司形成财产混同并进而承担连带责任的问题。

关于争议焦点三，法院认为，公司人格独立和股东有限责任是公司法的基本原则。根据《公司法》第20条规定："公司股东应当遵守法律、行政法规和公司章程，依法行使股东权利，不得滥用股东权利损害公司或者其他股东的利益；不得滥用公司法人独立地位和股东有限责任损害公司债权人的利益。公司股东滥用股东权利给公司或者其他股东造成损失的，应当依法承担赔偿责任。公司股东滥用公司法人独立地位和股东有限责任，逃避债务，严重损害公司债权人利益的，应当对公司债务承担连带责任。"本案中，商贸公司向法院提交了相关的银行交易明细，可以看出天津建筑公司与股东蒋某某及其配偶之间存在频繁、巨额的资金往来，天津建筑公司、蒋某某在庭审中未对此进行举证说明或作出合理解释，应当认定存在财产混同，在天津建筑公司对商贸公司的债务未予清偿情形下，债权人商贸公司主张由蒋某某对债务承担连带责任的请求理据充分，法院予以支持。

4. 马某某作为保证人是否应当承担相应的保证责任，如果承担，系何种保证责任以及责任范围的问题。

关于争议焦点四，具体分析如下：

(1)分析是否承担保证责任以及何种保证的问题。

在案涉买卖合同的后部，马某某在担保人一处签字并捺印，从形式上来看，已经构成了主合同中的保证条款，并且马某某在庭审过程中也认可其在合同上签字确实是有保证的意思，因此马某某属于保证人。继续分析属于何种保证方式的问题，由于保证合同成立的时间在2020年5月10日，《民法典》尚未施行，故认定保证方式应当适用旧法，根据原《担保法》第19条的规定："当事人对保证方式没有约定或者约定不明确的，按照连带责任保证承担保证责任。"由于在合同中各方对于马某某的保证方式没有约定，故按照法律规定，马某某应当承担连带保证责任。

(2)分析保证期间的问题。

根据原《最高人民法院关于适用〈中华人民共和国担保法〉若干问题的解释》第32条的规定："保证合同约定的保证期间早于或者等于主债务履行期限的，视为没有约定，保证期间为主债务履行期届满之日起六个月。保证合同约定保证人承担保证责任直至主债务本息还清时为止等类似内容的，视为约定不明，保证期间为主债务履行期届满之日起二年。"本案中，在案涉合同担保人马某某签字一处，约定有"款清为止"的内容，实质上就属于上述规定中的"直至主债务本息还清时为止等类似内容的"，故案涉保证合同的保证期间应当视为约定不明。同时，根据《最高人民法院关于适用〈中华人民共和国民法典〉时间效力的若干规定》第27条的规定："民法典施行前成立的保证合同，当事人对保证期间约定不明确，主债务履行期限届满至民法典施行之日不满二年，当事人主张保证期间为主债务履行期限届满之日起二年的，人民法院依法予以支持；当事人对保证期间没有约定，主债务履行期限届满至民法典施行之日不满六个月，当事人主张保证期间为主债务履行期限届满之日起六个月的，人民法院依法予以支持。"本案中，马某某的保证合同成立于民法典施行前，并且第三人对保证期间约定不明，主债务履行期限届满至民法典施行之日不满2年，故应当认定马某某的保证期间为自2021年1月1日起2年，商贸公司向马某某起诉的时间为2021年8月，未超过保证期间。

(3)分析保证范围的问题。

根据原《担保法》第21条的规定："保证担保的范围包括主债权及利息、违约金、损害赔偿金和实现债权的费用。保证合同另有约定的，按照约定。当事人对保证担保的范围没有约定或者约定不明确的，保证人应当对全部债务承担责任。"本案中，当事人对于马某某承担保证责任的范围并未进行约定，因此，马某某应当对前文已经认定的主债务人天津建筑公司的全部债务承担连带责任。

综合上述分析，就争议焦点四，法院认为马某某应当对编号

HY202005 合同项下的天津建筑公司欠付货款及违约金的债务承担连带保证责任。

综上，法院对商贸公司的部分诉请予以支持。依照原《民法总则》第 143 条，原《合同法》第 8 条、第 60 条、第 107 条、第 109 条、第 114 条、第 125 条，《公司法》第 20 条，《担保法》第 18 条、第 19 条、第 21 条，《最高人民法院关于适用〈中华人民共和国民法典〉时间效力的若干规定》第 1 条、第 27 条，《最高人民法院关于适用〈中华人民共和国合同法〉若干问题的解释（二）》（已失效）第 29 条，原《最高人民法院关于适用〈中华人民共和国担保法〉若干问题的解释》第 32 条，《最高人民法院关于适用〈中华人民共和国民事诉讼法〉的解释》第 90 条的规定，判决如下：

1. 天津建筑公司于本判决生效之日起 10 日内向商贸公司支付货款 5,718,984 元以及违约金（具体计算方法为：以 5,718,984 元为基数，按照每日万分之五的标准自 2021 年 1 月 1 日起计算至实际付清剩余货款之日止）；

2. 蒋某某、马某某对上述第一项给付事项承担连带给付责任；

3. 驳回商贸公司其他诉讼请求。

案件受理费减半收取 31,759 元、保全费 5000 元，共计 36,759 元，由商贸公司负担 4447 元（已预交），由天津建筑公司、蒋某某、马某某负担 32,312 元（负担办法：天津建筑公司、蒋某某、马某某于本判决生效之日起 10 日内向商贸公司支付 32,312 元）。

**【启示与提醒】**

我国企业经营者往往存在“企业是我的，企业的钱就是我的钱，我想怎么花就怎么花”的想法，这是一种不懂法的表现，蕴藏巨大的法律风险。企业经营者务必要对家庭财产、个人财产和企业财产进行分开管理，否则会因财产混同给自己、家庭带来巨大的法律风险，轻则用自己的个人财产、家庭财产承担企业的债务，重则涉嫌触犯挪用资金、职务侵占等刑事法律风险。如本案中，天津建筑公司与股东蒋某某及其配偶之间存在频繁、巨额的资金往来,天津建筑公司、蒋某某在庭审中未对此进行举证说明或作出合理解释,被法院认定存在财产混同,最终判决蒋某某对天津建筑公司的债务承担连带责任。

**【法条链接】**

**《公司法》**

**第二十条**　公司股东应当遵守法律、行政法规和公司章程,依法行使股东权利,不得滥用股东权利损害公司或者其他股东的利益;不得滥用公司法人独立地位和股东有限责任损害公司债权人的利益。

公司股东滥用股东权利给公司或者其他股东造成损失的,应当依法承担赔偿责任。

公司股东滥用公司法人独立地位和股东有限责任,逃避债务,严重损害公司债权人利益的,应当对公司债务承担连带责任。

**第一百七十一条**　公司除法定的会计账簿外,不得另立会计账簿。

对公司资产,不得以任何个人名义开立账户存储。

**《民法典》**

**第三百八十九条**　担保物权的担保范围包括主债权及其利息、违约金、损害赔偿金、保管担保财产和实现担保物权的费用。当事人另有约定的,按照其约定。

**第四百六十五条**　依法成立的合同,受法律保护。

依法成立的合同,仅对当事人具有法律约束力,但是法律另有规定的除外。

**第四百六十六条**　当事人对合同条款的理解有争议的,应当依据本法第一百四十二条第一款的规定,确定争议条款的含义。

合同文本采用两种以上文字订立并约定具有同等效力的,对各文本使用的词句推定具有相同含义。各文本使用的词句不一致的,应当根据合同的相关条款、性质、目的以及诚信原则等予以解释。

**第五百零九条**　当事人应当按照约定全面履行自己的义务。

当事人应当遵循诚信原则，根据合同的性质、目的和交易习惯履行通知、协助、保密等义务。

当事人在履行合同过程中，应当避免浪费资源、污染环境和破坏生态。

**第五百七十七条** 当事人一方不履行合同义务或者履行合同义务不符合约定的，应当承担继续履行、采取补救措施或者赔偿损失等违约责任。

**第五百七十九条** 当事人一方未支付价款、报酬、租金、利息，或者不履行其他金钱债务的，对方可以请求其支付。

**第五百八十五条** 当事人可以约定一方违约时应当根据违约情况向对方支付一定数额的违约金，也可以约定因违约产生的损失赔偿额的计算方法。

约定的违约金低于造成的损失的，人民法院或者仲裁机构可以根据当事人的请求予以增加；约定的违约金过分高于造成的损失的，人民法院或者仲裁机构可以根据当事人的请求予以适当减少。

当事人就迟延履行约定违约金的，违约方支付违约金后，还应当履行债务。

**第六百八十六条** 保证的方式包括一般保证和连带责任保证。

当事人在保证合同中对保证方式没有约定或者约定不明确的，按照一般保证承担保证责任。

**第六百八十八条** 当事人在保证合同中约定保证人和债务人对债务承担连带责任的，为连带责任保证。

连带责任保证的债务人不履行到期债务或者发生当事人约定的情形时，债权人可以请求债务人履行债务，也可以请求保证人在其保证范围内承担保证责任。

**《最高人民法院关于适用〈中华人民共和国民法典〉时间效力的若干规定》**

**第一条** 民法典施行后的法律事实引起的民事纠纷案件，适用民法典的规定。

民法典施行前的法律事实引起的民事纠纷案件,适用当时的法律、司法解释的规定,但是法律、司法解释另有规定的除外。

民法典施行前的法律事实持续至民法典施行后,该法律事实引起的民事纠纷案件,适用民法典的规定,但是法律、司法解释另有规定的除外。

**第二十七条**　民法典施行前成立的保证合同,当事人对保证期间约定不明确,主债务履行期限届满至民法典施行之日不满二年,当事人主张保证期间为主债务履行期限届满之日起二年的,人民法院依法予以支持;当事人对保证期间没有约定,主债务履行期限届满至民法典施行之日不满六个月,当事人主张保证期间为主债务履行期限届满之日起六个月的,人民法院依法予以支持。

# 十九、债权转让未通知债务人，受让人起诉债务人，因主体不适格被驳回起诉

## ——杨某诉贾某某、吕某某、某检验集团有限公司天津分公司、杨某某买卖合同纠纷案

【基本案情】

案由：买卖合同纠纷

原告：杨某

被告：贾某某

被告：吕某某

代理人：天津澍泽律师事务所

被告：某检验集团有限公司天津分公司（以下简称某检验集团天津分公司）

第三人：杨某某

第三人杨某某于2018年7月为吕某某供煤，根据当时双方采购标准约定杨某某所供煤的采购指标须达到5500kCal/kg，但杨某某所供煤经初检和复检后均不达标，因此吕某某对其进行了扣款，并在结算单上注明，并由杨某某本人签字。后由于杨某某在外所欠债务增多，杨某某采用债权转让的形式将其认为不应该扣款的煤款部分作为所谓的债权转让给第三人杨某，并由杨某在其住所地山西省大同市云州区法院提起

了买卖合同纠纷之诉。

**【澍泽代理】**

2020年11月16日,杨某将吕某某诉至法院,请求判令吕某某给付杨某煤款89,926.43元,占用煤款利息10,000元,合计99,926.43元。为此,吕某某委托澍泽律师作为本案的代理律师。

接受委托后,澍泽律师认真分析案件材料及收集相关证据,针对本案的事实和争议问题,向山西省大同市云州区人民法院提出如下代理意见:

1.杨某不具有向吕某某主张债权请求权的基础,杨某主体不适格。

首先,杨某基于一份与杨某某的权利转让书向吕某某主张债权请求权的行为不符合法律规定。根据《民法典》第546条第1款的规定:“债权人转让债权,未通知债务人的,该转让对债务人不发生效力。”这一条明确了我国在债权让与对债务人生效的问题上采用的是通知原则,债权人转让权利的,需通知债务人才能对债务人发生效力。假设债权存在,而吕某某始终未接到任何关于该债权转让的通知,因此杨某与杨某某所签订的权利转让书对吕某某不发生效力。

其次,杨某所主张的杨某某转让给其的债权并不存在。根据《民法典》第582条的规定:“履行不符合约定的,应当按照当事人的约定承担违约责任。对违约责任没有约定或者约定不明确,依据本法第五百一十条的规定仍不能确定的,受损害方根据标的的性质以及损失的大小,可以合理选择请求对方承担修理、重作、更换、退货、减少价款或者报酬等违约责任。”本案中,杨某所主张的债权实为杨某某向吕某某瑕疵履行合同而产生的扣款,根据吕某某与杨某某的约定,杨某某应向吕某某提供符合采购指标5500kCal/kg的煤炭,但杨某某向吕某某提供的煤炭经过初检和复检皆达不到采购指标,因此吕某某向杨某某出具的结算单上明确扣款金额为89,926.43元,杨某某已知并在该结算单上签字。所以,杨某所主张的“债权”系杨某某履行合同不符合约定而产生的扣款并非真实存在的债权,杨某并不对吕某某享有债权请求权。

最后,杨某与杨某某所签署的权利转让书真实性存疑。杨某某作为吕某某的买卖合同相对方,曾多次向吕某某出具有其亲笔签名的材料,而杨某向法庭所提交的权利转让书上杨某某的签名明显与其以往给吕某某的签名不一致,存在肉眼可见的差异,吕某某保留笔迹鉴定的权利同时对该权利转让书的真实性不予认可;另外,杨某在起诉状中提起是其委托杨某某给吕某某发运煤炭,但吕某某与杨某某以往的合作中并没有出现任何有关杨某的信息,杨某某曾向吕某某出示的说明中指定张某晨和杨某清为其煤炭收款人,杨某某向吕某某提供的本案所涉煤炭乃系从张某晨处所得,且张某晨对于该批不达指标的煤炭也曾多次向吕某某表达,法庭可以予以核实,因此吕某某对杨某自述的身份真实性也予以合理怀疑。

所以,吕某某认为杨某无论从程序还是实体都不具有对吕某某行使债权请求权的基础。

2. 杨某所主张的某检验集团天津分公司基于2018年7月19日的采样所出的检验报告的委托人为吕某某与杨某某的事实系错误的。

首先,2018年7月19日原系吕某某与杨某某几经波折后确定的复检时间,双方约定在双方人员到场的前提下进行采样,但杨某某在复检当天未到场也未派人到场,且杨某亦无证据证明杨某某到场,经被告方联系无果后,考虑到预约现场采样无论是否进行,都需要向某检验集团天津分公司支付出场采样费,故吕某某不得以变更成与其他家的煤炭检验,故某检验集团天津分公司于2018年7月19日采样后所出具的检验报告与杨某某无任何关系。

其次,某检验集团天津分公司在2018年7月19日的采样时间为11时40分,而杨某某与约定的采样时间为9时30分,同时某检验集团天津分公司采样的重量为2000吨也并非杨某某的2086.46吨。由此可见,杨某某于复检当日并未按时派人到场,系无奈之下协调别家进行了煤炭检验,所以该检验结果与杨某某无关,杨某某也无权获取别家的检验报告。

所以，吕某某认为杨某对以上事实认识错误，杨某某作为吕某某的合同相对方，在合同履行期间不仅未尽到其所负义务，在吕某某本着友好合作的态度同意复检后仍消极应对，现杨某对不属于其权利的主张与真实事实相悖更于法无据，吕某某对此不予认可。

3. 杨某认为吕某某与某检验集团天津分公司之间存在恶意串通系其主观臆断，没有事实依据。

首先，在杨某某 2018 年 7 月 12 日签下的承诺书中明确约定，系双方共同指定某检验集团天津分公司进行复检工作，被告方一直秉承诚实信用原则进行沟通协调工作，杨某某不配合复检的相关工作，所产生的后果理应由杨某某自行承担，更不能成为任何一方怀疑之间存在恶意串通的理由。

其次，吕某某在杨某某未到场的情况下联系某检验集团天津分公司于 2018 年 7 月 22 日采样后 23 日出具检验报告系因被告方联系杨某某复检无果后，又遇环保部门清查需要撤场的紧急情况下的权宜之举，并非杨某所主张的杨某某与吕某某之间的恶意串通。

所以，杨某对吕某某的怀疑系其主观臆断，不符合真实情况，吕某某对杨某此主张不予认可且强烈反对。

4. 吕某某认为杨某及第三人存在虚假诉讼的嫌疑。

首先，杨某不是杨某某的煤炭供货人，张某晨才系吕某某已知的杨某某煤炭供货人，在吕某某与杨某某的交易往来中杨某从未参与，反倒是张某晨多次以供货方的身份与吕某某联系。因此，杨某在起诉状中所述系其委托杨某某给吕某某发运煤炭的说法不属实。

其次，据张某晨向吕某某所述，杨某某发运给吕某某的此批煤炭原系张某晨本就不达指标的煤炭，杨某某在已知该批煤炭不达指标的情况下仍然将该煤炭发运给吕某某，经检验不合格后，杨某某签署因不达指标产生扣款后的结算单时请求吕某某给其复检的机会，吕某某基于友好合作的原则予以应允，但杨某某在复检期间始终不予以积极配合，吕某某多次联系其复检无果，杨某某更是在吕某某向检验机构报验计划后无故爽约，直至煤炭因故撤场杨某某都未配合吕某某到场进行复检。因此，所造成的后果杨某某应当知道并应当承担，现杨某某却利用吕某某的不设防以及吕某某与前员工贾某芳之间的信息沟通不及时之差，隐瞒事实真相欺骗法院提起虚假诉讼，系为谋取不正当利益。

最后，杨某曾于 2019 年 3 月 21 日就本案提起过诉讼，最终以杨某搜集证明撤诉结案，该诉讼经过庭审全阶段，杨某对案件的事实应有充分的认识，不存在善意的可能。

所以，吕某某认为杨某与第三人杨某某之间存在恶意串通，以已经履行完毕的合同内容提起诉讼的目的具有不正当性，存在虚假诉讼的嫌疑。

综上，杨某对本案事实认定错误，且不具有请求权基础，其所提诉请无论从事实出发还是从法律角度都不能被认可，请法庭在驳回杨某全部诉讼请求的同时依法甄别杨某及第三人存在虚假诉讼的嫌疑，适时移交司法机关处理。

**【审理情况】**

贾某某辩称，杨某恶意隐瞒本案事实，不认可杨某的全部诉讼请求，请求法院依法全部驳回。理由如下：

1. 杨某有虚假诉讼的嫌疑。杨某所称的债权并不真实存在，杨某称这个债权是杨某某转让给他的，而杨某某所转让的这个债权实为杨某某向吕某某履行煤炭买卖合同时因为煤炭实际指数不达标而产生的扣款，并且杨某某已经签署了结算单，证明杨某某对该笔扣款已知并认可，所以并不存在杨某所诉的欠款、债权问题。并且杨某已经就该笔钱款起诉过一次，最终撤回起诉。

2. 杨某主体不适格。贾某某作为吕某某的员工，在杨某某与吕某某的煤炭交易过程中，贾某某一直做吕某某这边的联络工作，从未接触过杨某。杨某称其是杨某某发煤的委托人的说法是虚假的，杨某某曾向吕某某提供两个收款账户，其中一个是杨某某的女儿杨某清，另一个是张某晨；同时，杨某所提交的权利转让确认书不真实，杨某某的签字与之前提交的材料上的签字明显不一致，所以，杨某没有真实取得该权利，杨某不具有起诉的资格。

3. 贾某某主体不适格。杨某提起的是买卖合同纠纷，根据合同的相对性原理，本诉与贾某某无关，贾某某仅是吕某某当时的员工，只起到联系作用，与杨某不存在任何法律关系。

4. 杨某与杨某某不认可复检结果仅是二人自己的揣测，与事实相悖，其称被告之间恶意串通的说法是错误的。

吕某某与杨某某约定了由某检验集团天津分公司进行复检后，贾某某作为员工已尽到尽职勤勉的义务，及时传递有效信息。在贾某某通知杨某某按时进行复检时，杨某某却不回信息，打电话也不接，致使在2018年7月19日9时30分复检时，联系不上杨某某，并且杨某某未按约定到场也未派人到场进行采样，致使采样工作搁置。检验费一直由吕某某支付，如果当天采样计划落空的话需向检验方付出车等费用，为了减少损失，吕某某改成采样上海索堡的煤炭，不存在串通改变杨某某的报告。因为杨某某的煤炭指标不合格而产生了89,926.43元的扣款，而吕某某出于善意同意给杨某某一个复检的机会，贾某某也仅仅是中间复检的联系人，不存在与其他人恶意串通的事实。

某检验集团天津分公司辩称：(1)本案杨某主体不适格，应当驳回其起诉。根据贾某某、吕某某的陈述，结合杨某提供的证据，买卖合同关系存在于贾某某、吕某某与杨某某之间，即使杨某的权利受让而来，杨某某应就债权转让事宜通知债务人，但杨某某未通知债务人，应驳回杨某的起诉。(2)某检验集团天津分公司并非买卖合同当事人，不应承担法律责任。杨某某给吕某某发运煤炭，双方形成煤炭买卖合同关系，因煤炭质量为由产生的煤炭欠款纠纷，而某检验集团天津分公司非该法律关系的当事人，不应承担法律责任。(3)某检验集团天津分公司根据与吕某某的约定以及采样流程，完成了委托事项，且不存在恶意串通的情形。

某检验集团天津分公司按照 GB/T 475—2008 标准出具检验报告及证书,整个过程不存在任何瑕疵。2018 年 8 月,杨某某来某检验集团天津分公司索要 2018 年 7 月 19 日采样的检验证书,某检验集团天津分公司又与吕某某联系说明此事,吕某某要求某检验集团天津分公司不能提供给对方,基于合同的相对性及保密义务,有义务按照委托方的指标拒绝向其他人提供检验报告,此行为不能说明某检验集团天津分公司与吕某某恶意串通。

第三人杨某某陈述,本人与杨某是债权转让关系,即杨某某将吕某某欠付其煤款 89,926.43 元的债权转让给了杨某。杨某某与吕某某是煤炭买卖合同关系,从 2018 年 7 月 1 日开始,于 7 月 2 日、4 日、5 日给吕某某送煤 2086.46 吨,经双方于 2018 年 7 月 12 日结算,煤款总价款为 1,141,720.84 元,经对煤炭指标检验,发热量均未达到 5500kCal/kg,吕某某因煤炭发热量未达标只付煤款 1,051,794.41 元,余款 89,926.43 元未付。为此,杨某某不认可第一次煤炭质量检验结果,于是和吕某某商议一起到某检验集团天津分公司进行复检。当时约定的复检时间是 2018 年 7 月 19 日上午 9 时 30 分取样。杨某某当时安排人手去的现场,后杨某某通过电话询问某检验集团天津分公司得知 21 日化验结果就出来了,但因贾某某未交钱,未给结果,后与贾某某联系,她称未出结果,直到 22 日通过微信聊天才知道结果已出,并通过邮箱给了贾某某。后杨某某找到某检验集团天津分公司,其公司的高某明、李某接待杨某某时称,某检验集团天津分公司是接到贾某某的通知将杨某某的名字换成了其他公司,所以,直到现在也没有拿到检验报告,而吕某某却以该报告扣除煤款 89,926.43 元拒付。

山西省大同市云州区人民法院审理认为,杨某某与吕某某双方进行煤炭交易,虽未签订书面合同,但双方形成了事实上的买卖合同关系,且不违反法律、法规的规定,为有效合同。双方应按照合同的约定行使权利、履行义务,因吕某某欠付煤款 89,926.43 元而发生诉讼,本案杨某以杨某某将该债权转让给杨某为由对贾某某、吕某某、某检验集团天津分公司提起了诉讼。根据《民法典》第546条第1款规定:“债权人转让债权,未通知债务人的,该转让对债务人不发生效力。”根据法庭调查,债权人杨某某转让其债权,未通知债务人吕某某,所以,杨某某将债权转让给杨某对吕某某不发生效力,杨某以杨某某名义对吕某某等被告提起诉讼主体不适格,应由杨某某予以主张。

综上,法院依照《民法典》第546条、《民事诉讼法》第119条规定,裁定驳回杨某的起诉。

**【办案心得】**

在接手案件后,澍泽律师首先与委托人一同对案情进行详细梳理,在梳理案情后,澍泽律师敏锐地察觉到原告并没有向法院提交影响判决结果的关键证据——通知债务人的债权转让通知。根据《民法典》第546条第1款的规定,债权人转让债权,未通知债务人的,该转让对债务人不发生效力。这一条明确了我国在债权让与对债务人生效的问题上采用的是通知原则,债权人转让权利的,需通知债务人才能对债务人发生效力。假设债权存在,而吕某某始终未接到任何关于该债权转让的通知,因此杨某与杨某某所签订的权利转让书对吕某某不发生效力。在庭审阶段,澍泽律师主要针对该关键点进行逻辑性的多角度论证,得到承办法官的认可,最终判决驳回原告的起诉。

由本案中可知,打民事官司就是打证据。通常来说,手握足够有说服力的“好证据”可增加胜诉的可能,同时能指出对方没有的关键证据,也能获得胜诉的可能。就本案而言,澍泽律师能取得胜诉,核心是从证据角度抓住对方的要害,指出对方不存在的关键性证据,并以此为主要理由进行抗辩,最终获得胜诉的结果。

**【启示与提醒】**

债权转让必须要通知债务人,如果没有通知,该转让对债务人不发生效力。实务中,当事人在进行债权转让时,要注意以下事项:

1. 债权转让应当由谁通知债务人。

目前，我国的法律对于债权转让时承担通知义务的人并没有作出明确的规定，澍泽律师认为，通知的行为既可以由债权转让人直接通知债务人，也可以由受让人持其与债权人达成的债权转让协议或债权人出具的债权转让凭证进行通知，两种通知的法律效果应同等。实务中，受让人通知债务人后，为确认受让的真实性，债务人还要付出审查转让真实性的额外劳动，为克服当事人未获债权转让向债务人为虚假、欺诈的转让意思表示，及可能陷债务人清偿于无效，保护债务人利益，实务中由债权出让人通知债务人债权转让事实更为妥当。

2. 债权转让应当如何通知债务人。

关于债权转让通知的具体形式我国现有法律也没有明确的规定，但从立法本意上债权转让时通知债务人的目的是避免债务人重复履行、错误履行或加重履行债务的负担。一般的通知方式主要有：口头通知；债务人本人在债权转让协议中签字确认；向债务人出具书面的转让通知书；在无法联系到债务人的情况下可登报公告。需要说明的是，口头形式虽然简便易行，但因证据不易保留，一旦发生纠纷取证较为困难，建议应以书面形式为宜。

**【法条链接】**

**《民法典》**

**第五百四十六条**　债权人转让债权，未通知债务人的，该转让对债务人不发生效力。

债权转让的通知不得撤销，但是经受让人同意的除外。

# 二十、分包人不能举证证明材料入场并完成的施工量，应承担举证不能的后果

——杨某某与天津市某装饰工程有限公司承揽合同纠纷案

**【基本案情】**

案由：承揽合同纠纷

上诉人（原审原告）：杨某某

被上诉人（原审被告）：天津市某装饰工程有限公司（以下简称装饰工程公司）

代理人：天津澍泽律师事务所

2019年3月16日，装饰工程公司作为承包人（甲方），杨某某作为分包人（乙方）签订《定做承揽分包合同》，载明："分包工程范围：天津市红桥区某工地的木扶手（包括运输、安装、油漆）……三、分包合同价款：1.红棒木，扶手规格45×65（厘米）每米50元，按合同现场约4700米。2.金额（大写）：约贰拾叁万伍仟元（人民币）……六、结算方式及期限：首付4万元，货到现场付10万元，完工后三个月内结清余款，剩余5%作为质保金……九、权利义务，承包方义务：1.依约向分包方提供设计图纸和原材料；2.依约为分包方提供施工所需要的场地和通道。分包方义务：1.依约完成分包合同约定的工作任务。"

合同签订后，装饰工程公司于2019年4月10日向杨某某打首付款

3 万元，杨某某在工地施工 10 日后因装饰工程公司未按约定支付所剩首付款 1 万元以及材料进场后应付的 10 万元，双方发生争议被迫停工。2019 年 8 月 30 日，装饰工程公司向杨某某出具《合同终止告知函》，载明："致：分包商（乙方）杨某某……我公司正式通知贵方解除于 2019 年 3 月 16 日签订的定做承揽分包合同，同时我司保留进一步追究你方违约责任权利。"后双方沟通无效，杨某某起诉至法院。

另查，杨某某承揽的工程中，其仅完成了 10 号楼 11 层至 33 层的工程量，天津市红桥区某工地的木扶手工程，已由案外人承揽完工。庭审中，杨某某承认因其原因导致原料无法进入施工现场，并提出装饰工程公司违法解除合同，要求继续履行合同。

**【澍泽代理】**

2021 年 3 月 16 日，杨某某将装饰工程公司起诉至天津市滨海新区人民法院，诉请：(1)装饰工程公司支付杨某某合同价款 110,000 元；(2)装饰工程公司支付杨某某违反合同约定给杨某某造成的损失 235,000元（购买工程原材料：红棒木扶手及喷漆加工费用）；(3)诉讼费用由装饰工程公司承担。为此，装饰工程公司委托澍泽律师作为本案的代理律师。

接受委托后，澍泽律师认真分析案件材料及收集相关证据，针对本案的事实和争议问题，向法院提出如下代理意见：

1. 装饰工程公司不应承担给付杨某某 11 万元合同款的义务。

(1)杨某某在诉状中认可其 2019 年 7 月 7 日进场，7 月 17 日退场，其并未完全履行承揽合同义务。依据承揽合同要求，只有履行了相应的合同义务，才能获得相应的报酬，杨某某仅将部分材料运进现场而不是全部，因此其无权要求装饰工程公司支付 11 万元货款。另外，杨某某施工初始就要求装饰公司支付占合同总额 60% 的款项，不符合"按进度付款"的行业惯例要求。

(2)杨某某完成的工作量，装饰工程公司已支付完相应报酬。对于杨某某未履行承揽合同义务的部分,而要求装饰工程公司继续支付合同款显失公平,没有事实及法律依据。

2. 在承揽合同履行过程中,杨某某存在过错应当承担违约责任。

(1)杨某某在庭审中承认因其原因导致原料无法进入施工现场,而杨某某与装饰工程公司双方在所签承揽合同中约定“货到现场付 10 万元”,因货到现场为先决条件,因此杨某某在未履行合同义务——运输货物到现场的情况下无权要求装饰公司支付 10 万元货款。

(2)承揽合同仅约定如果装饰工程公司给杨某某造成损失应承担赔偿责任,并无违约金的要求,而杨某某并未提供符合法律要求的证据证明其损失,因此其 235,000 元的诉求没有事实及法律依据。

3. 杨某某要求继续履行的诉求没有合法依据。

(1)本案庭审中,杨某某提供的证据证明因双方分歧导致合同无法履行,要求解除合同,而装饰工程公司也同意了其要求。双方合同已于 2019 年 8 月 30 日解除,继续履行原合同没有事实和法律依据。

(2)杨某某的提供的证据与其诉求自相矛盾,缺乏关联性,足以证实其在掩盖事实真相,其诉求所称的损失事实并不存在。

综上,装饰工程公司在本案中并无过错,没有任何违约行为,不需要承担违约责任,并且装饰工程公司已足额给付杨某某工程款,杨某某诉请主张无事实与法律依据,应驳回其诉讼请求。

## 【一审情况】

天津市滨海新区人民法院经审理认为,本案的争议焦点是杨某某的诉讼请求有无事实及法律依据,装饰工程公司是否承担违约责任。关于杨某某诉讼请求第一项,杨某某在庭审中自认其承包的工程项目中只 10 号楼 11 层至 33 层完工,杨某某承揽的工程并未全部完工,且杨某某自认因装饰工程公司原因导致其材料未全部入场,杨某某应当举证证明其材料入场并完成的施工量占施工总量的百分比,但杨某某未提供证据予以证明,应当承担举证不能的后果,故对杨某某该项诉讼请求法院不予支持。关于装饰工程公司诉讼请求第二项，杨某某未提供相应证据证明杨某某购买木扶手的原材料花费了165,000元，也未能举证证明系装饰工程公司违法解除合同造成杨某某损失70,000元，杨某某该项主张无事实及法律依据，故对该项诉讼请求法院不予支持。关于是否应当继续履行合同，装饰工程公司已书面告知杨某某双方终止合同，且装饰工程公司提供证据证明案涉工程已经由案外人完工，并且装饰工程公司已与案外人结算，案涉合同无实际履行的可能，故法院对继续履行合同的诉讼请求不予支持。

根据《最高人民法院关于适用〈中华人民共和国民法典〉时间效力的若干规定》第1条第2款的规定，《民法典》施行前的法律事实引起的民事纠纷案件，适用当时的法律、司法解释的规定，但是法律、司法解释另有规定的除外。故本案适用原《合同法》。

综上，对杨某某的诉讼请求，法院不予支持。根据《民事诉讼法》第64条第1款、《最高人民法院关于适用〈中华人民共和国民事诉讼法〉的解释》第90条第2款规定，判决驳回杨某某全部诉讼请求。

**【二审情况】**

杨某某上诉请求：撤销一审判决，改判支持杨某某一审提出的全部诉讼请求。事实与理由：一审法院认定事实不清，损害杨某某的合法权益。

装饰工程公司辩称，一审法院认定事实清楚，适用法律正确，要求驳回上诉，维持原判。

天津市第三中级人民法院审理认为，本案争议焦点为杨某某主张的110,000元货款及损失数额235,000元是否有事实及法律依据。

杨某某与装饰工程公司签订的《定做承揽分包合同》约定装饰工程公司应当给付杨某某首付款40,000元，在装饰工程公司仅支付30,000元的情况下，杨某某进场施工，后就后续费用问题双方发生纠纷。装饰工程公司在杨某某停工的情况下，书面通知杨某某解除合同，且后续工程已由案外人履行完毕,故本案合同已无继续履行的可能性。关于杨某某主张的110,000元货款问题,双方一致认可杨某某完成的施工范围为10号楼11层至33层的楼梯扶手,但就该部分施工范围的施工总量,杨某某并不能说明总数,也不能证实其收到的30,000元货款不能涵盖其已完成部分,因此杨某某主张装饰工程公司应给付110,000元货款的请求,法院不予支持。

关于杨某某主张的235,000元其他损失的问题,二审中杨某某主张的损失构成与一审主张不一致,对其二审提供的证据中原材料费用已大于合同总价的原因亦不能作出合理解释,因此,杨某某就其主张的235,000元损失缺乏有效证据予以证实,其该项诉讼请求法院不予支持。

综上,杨某某的上诉请求不成立,应予驳回;一审判决认定事实清楚,适用法律正确,应予维持。依照《民事诉讼法》第169条第1款、第170条第1款第1项的规定,判决驳回上诉,维持原判。

【办案心得】

本案争议双方为合同关系,原告应依双方合同约定为依据主张权利,但原告选择的是依据民事关系主张权利,且证据存在瑕疵,导致主张得不到法律上的支持。

【启示与提醒】

建设工程中的停工,是指承包人在其承包的合同范围内的工程,全部或部分暂停或者停止施工活动。停工的原因有很多,但基本可以分为以下几类:发包人原因导致的停工,承包人原因导致的停工,发包人、承包人共同原因导致的停工,客观自然条件、社会环境条件导致的停工,法律、政策、当地政府部门的临时指示导致的停工。

一旦停工,则除了可能对总工期产生不良影响以外,还产生一定的窝工损失、施工机械闲置费用,而且如果停工时间较长则可能面临材料价格大幅波动的风险。对承包人而言,为规避停工所生产的法律风险,建议如下：

1. 在决定停工前，双方要明确并非自身原因导致停工。实践中，导致停工的具体原因是多种多样的，如果承包人或实际施工人不能判断停工的法律后果，建议找专业律师进行咨询。如本案中杨某某进场施工后，因后续费用支付问题双方发生纠纷，杨某某单方面认为肯定是装饰工程公司的错误，擅自中途停工，面临承担损失的风险。

2. 即使停工原因明确，停工责任由发包人承担，承包人也应当在合同约定的索赔期限内，严格依照合同约定的索赔程序、索赔相关要求，及时提出索赔意向。目前通行的正规合同中，几乎均约定索赔程序、期限、方式，索赔的资料要求等，如承包人违反约定要求，则可能导致索赔无效。实务中经常出现的问题是，承包人未在合同约定的期限内向发包人、监理人送达索赔意向通知书，从而导致索赔权利丧失。虽然国内司法判例中，对于超过索赔期限的索赔，是否必然丧失索赔权利，存在不同判决的情形，但趋势是越来越倾向于认定：超过索赔期限，则丧失索赔权利，故承包人应当严格按照合同要求，及时索赔。

3. 停工后，要充分收集和及时确认能够确定工期影响和费用影响的资料。明确了停工原因，划分了承担责任的主体，也未丧失索赔权利，则必然需要确定停工对承包人工期、费用的具体影响。如果缺乏充分的资料，则难以确定工期损失、费用金额。实务中，不少承包人在工程管理中，往往是工程完工，双方进行结算，甚至进行诉讼时，才发现资料大量缺失。这正是在事件发生时，未能及时充分收集资料、固定资料、良好保存资料所造成的。所以承包人项目管理过程中，应当制定专门的资料收集、固定、保存、管理制度，保证承包人所掌握的资料，不仅能够证明停工的原因，而且还能证明对工期、费用的具体影响。如本案中杨某某由于没有提供其材料采购、停工原因、实际施工量等方面的证据，最终导致其诉求无法得到法律上的支持。

**【法条链接】**

**《民法典》**

**第五百零九条第一款**　当事人应当按照约定全面履行自己的义务。

**第七百七十条**　承揽合同是承揽人按照定作人的要求完成工作,交付工作成果,定作人支付报酬的合同。

承揽包括加工、定作、修理、复制、测试、检验等工作。

**第七百七十一条**　承揽合同的内容一般包括承揽的标的、数量、质量、报酬,承揽方式,材料的提供,履行期限,验收标准和方法等条款。

**第七百七十四条**　承揽人提供材料的,应当按照约定选用材料,并接受定作人检验。

**第七百七十七条**　定作人中途变更承揽工作的要求,造成承揽人损失的,应当赔偿损失。

**第七百八十二条**　定作人应当按照约定的期限支付报酬。对支付报酬的期限没有约定或者约定不明确,依据本法第五百一十条的规定仍不能确定的,定作人应当在承揽人交付工作成果时支付;工作成果部分交付的,定作人应当相应支付。

**《民事诉讼法》**

**第六十七条第一款、第二款**　当事人对自己提出的主张,有责任提供证据。

当事人及其诉讼代理人因客观原因不能自行收集的证据,或者人民法院认为审理案件需要的证据,人民法院应当调查收集。

**《最高人民法院关于适用〈中华人民共和国民事诉讼法〉的解释》**

**第九十一条**　人民法院应当依照下列原则确定举证证明责任的承担,但法律另有规定的除外:

(一)主张法律关系存在的当事人,应当对产生该法律关系的基本事实承担举证证明责任;

(二)主张法律关系变更、消灭或者权利受到妨害的当事人,应当对该法律关系变更、消灭或者权利受到妨害的基本事实承担举证证明责任。

**《最高人民法院关于民事诉讼证据的若干规定》**

**第一条** 原告向人民法院起诉或者被告提出反诉，应当提供符合起诉条件的相应的证据。

**《最高人民法院关于适用〈中华人民共和国民法典〉时间效力的若干规定》**

**第一条** 民法典施行后的法律事实引起的民事纠纷案件，适用民法典的规定。

民法典施行前的法律事实引起的民事纠纷案件，适用当时的法律、司法解释的规定，但是法律、司法解释另有规定的除外。

民法典施行前的法律事实持续至民法典施行后，该法律事实引起的民事纠纷案件，适用民法典的规定，但是法律、司法解释另有规定的除外。